Lesenswer

Accessible reading resources for exam preparation

Kate Corney

Collins Educational

Published by Collins Educational
An imprint of HarperCollins*Publishers* Ltd
77-85 Fulham Palace Road
London W6 8JB

© HarperCollins*Publishers* Ltd 1999
First published 1999

ISBN 0 00 320250 X

Kate Corney asserts the moral right to be identified as the author of this work.

All rights reserved. No part of this publication may be reproduced, stored in a retrieval system, or transmitted in any form or by any means, electronic, mechanical, photocopying, recording or otherwise, without the prior consent in writing of the Publisher or a licence permitting restricted copying in the United Kingdom issued by the Copyright Licensing Agency, 90 Tottenham Court Road, London W1P 9HE.

British Library Cataloguing in Publication Data
A catalogue record for this book is available from the British Library.

Edited by Sue Chapple
Design by Eric Drewery
Cover design by Julia Osorno
Cover illustration by Maxine Osaki/Sylvia Poggio Illustrators' Agency
Production by Sue Cashin
Printed by Scotprint Ltd, Musselburgh, Scotland

Acknowledgements

The Author and Publishers would like to thank the following for permission to reproduce copyright material:

Bastei-Verlag: *Freude am Leben* p17 and Sally p25; Bundesverwaltungsamt: *Jugendscala* pp 28 and 32; Deutsche Bahn p51; Holiday Park p24; JUMA pp 8, 12, 18, 19, 34, 36, 44, 57, 64, 66, 68, 80, 86; Detlef Kersten p71; London Examinations, a division of Edexcel Foundation, pp39, 59, 75, 88; Mini pp 47, 54, 70; Northern Examinations and Assessment Board pp41, 42, 74, 75, 76, 88, 89; Bernhard Ofczarek pp14, 62; Rheinische Post/Bergische Morgenpost p33; Sailer-Verlag: *Stafette* p29 and *Tierfreund* pp31, 82; Scottish Qualifications Authority pp16, 26, 27, 52, 53, 78, 79; Southern Examining Group p60; Dr Claudia Toll p84; Velber Verlag: *TREFF-Schülermagazin* p11.

It should be noted that where answers are given to exam questions, the Author is responsible for the solutions (not the exam boards) and they may not necessarily constitute the only possible solutions. Every effort has been made to contact the holders of copyright material, but if any have been inadvertently overlooked, the Publishers will be pleased to make the necessary arrangements at the first opportunity.

Illustrations
Kathy Baxendale: pp 15, 25, 27, 37, 57, 58
Juliet Breese: pp 29 (top), 49, 55 (top), 64, 73, 78
Peter Joyce: pp 7, 11, 43, 55 (bottom), 70, 84
Jenny Mumford: pp 8, 19, 29 (bottom), 34, 54, 56, 80

Photographs
Tim Booth: pp 12, 18, 44, 68
All other original photographs by Michael Buckby

CONTENTS

(The number of books next to each title denotes the level of difficulty, three books indicating the most difficult texts.)

How to use this book		4
Using your dictionary		5

AREA OF EXPERIENCE A

Title	Topic	
Getting something to eat	Food	6
A special restaurant	Food	7
How good a cook are you?	Food	8
What's on the menu?	Food	10
Things to buy	Food	11
A puzzle	School	11
Problems at school	School	12
A useful advert	School	13
Packing for school!	Classroom	14
What do you carry in your school bag?	School	15
Book reviews	Media	16
Keeping fit	Health	17
Humour	Health	17
Helping at home	Home life	18
A child's dream house	House	19
Exam questions 1	Food	20
2	Food	20
3	Food	20
4	Food	21
5	School	22
6	Media	23

AREA OF EXPERIENCE B

Title	Topic	
A day out	Free time	24
Penpals	Self and friends	25
Two creative hobbies	Free time	26
Free time	Free time	27
A winter visitor	Family and friends	28
Caring for your pets in summer	Family and friends	29
In town	Family and friends	30
Find the dog	Family and friends	30
Have you got a sense of humour?	Family and friends	31
A special chimpanzee	Family and friends	31
A famous composer	Self	32
A cat without a home	Family and friends	33
A day by the lake	Free time	34
Free time	Free time	35
Hooked on soap operas	Television	36
In town	Television	37
Exam questions 1	Free time	38
2	Free time	38
3	Free time	38
4	Self	39
5	Family and friends	40
6	Free time	41
7	Free time	42
8	Free time	42

AREA OF EXPERIENCE C

Title	Topic	
Shopping	Shopping	43
Meeting places	Town	44
A good idea for a present	Shopping	46
A special Christmas tree	Festivals	46
A family Christmas	Festivals	47
New Year celebrations	Festivals	48
At the station	Travel	50
Saving money	Travel	51
A good excuse	Weather	52
Problems with the weather	Weather	52
A difficult journey to school	Travel	53
Shopping problems	Shopping	54
In town	Shopping	54
Frying eggs on your car bonnet!	Weather	55
A skilled driver!	Travel	55
Print your own T-shirt	Clothes	56
In town	Town	57
Exam questions 1	Shopping	58
2	Travel	58
3	Town	58
4	Travel	59
5	Travel	59
6	Finding the way	59
7	Weather	60
8	Town	60
9	Town	61

AREA OF EXPERIENCE D

Title	Topic	
Using the telephone	Telephone	62
Using the telephone in a hotel	Telephone	63
Living in the country	Jobs	64
Working with animals	Jobs	66
An advert in the market	Advertising	67
Future plans	Careers	68
The rules of work	Jobs	70
An advert for a job	Jobs	70
A detective at work	Jobs	71
Newspaper announcements	Advertising	72
An announcement in town	Advertising	73
Exam questions 1	Advertising	74
2	Jobs	74
3	Advertising	75
4	Telephone	75
5	Jobs	76
6	Jobs	76
7	Jobs	77

AREA OF EXPERIENCE E

Title	Topic	
Somewhere to stay	Accommodation	78
A special hotel	Accommodation	78
On the River Moselle	Accommodation	78
Showing you care	Environment	79
Protecting the environment	Environment	79
Survival training	Holidays	80
Holidays	Environment	82
Holiday tips	Environment	84
Hotel prices	Accommodation	85
Can you name the towns?	Other countries	86
In town	Holidays	86
Exam questions 1	Holidays	87
2	Holidays	88
3	Holidays	88
4	Camping	89
5	Camping	89
6	Accommodation	90
7	Holidays	90

Answers	91
Glossary of instructions	96

HOW TO USE THIS BOOK

- This book is divided into five sections, according to the five Areas of Experience it covers.
- Each section contains a variety of authentic texts with questions covering the topics tested in your exam. The book symbols show the level of difficulty of the text, with the most difficult texts shown by .
- With some texts, there is a Wortschatz which translates the less common words in the text.
- You can use a dictionary to look up other words, but try to do this as little as possible. In your exam, you will not have much time to look up words in your dictionary, so you must get used to answering questions without it whenever possible.
- Instead, pay particular attention to the Understanding Words boxes which accompany many of the texts. These give you tips on how to understand new words without using a dictionary. You can often use your existing knowledge of the subject to help you understand, so each text has been given an English title to point you in the right direction.
- Some texts are accompanied by Exam Tips which offer practical advice on how to cope in your exam.
- At the end of each section, there are some real exam questions so that you can see how you are getting on.
- The answers to all questions are at the end of the book.

German spelling is undergoing some changes aimed at simplifying it. The most common change you will come across is the use of *ss* instead of *ß* after some vowels. Many of the texts in this book were written before the changes were introduced and therefore use the original spellings. The questions and more recent texts use the new spellings.

Advice on how to cope in your reading exam

1. Read the questions before you read the text.
2. Deal with each question in turn. Read question 1. Look for the answer in the text and write it down. Then go on to question 2. Remember that the questions usually appear in the same order as the information in the text.
3. If the question is in English, answer in English.
4. If the question is in German, answer in German. Make your answer as simple as possible – you don't have to write full sentences.
5. Don't worry about spelling: as long as the examiner can understand the words you will score top marks.
6. If there is a number in brackets after the question, this refers to the number of marks for the question. So, if there is a (2), you must give two details in your answer to gain your two marks.

USING YOUR DICTIONARY

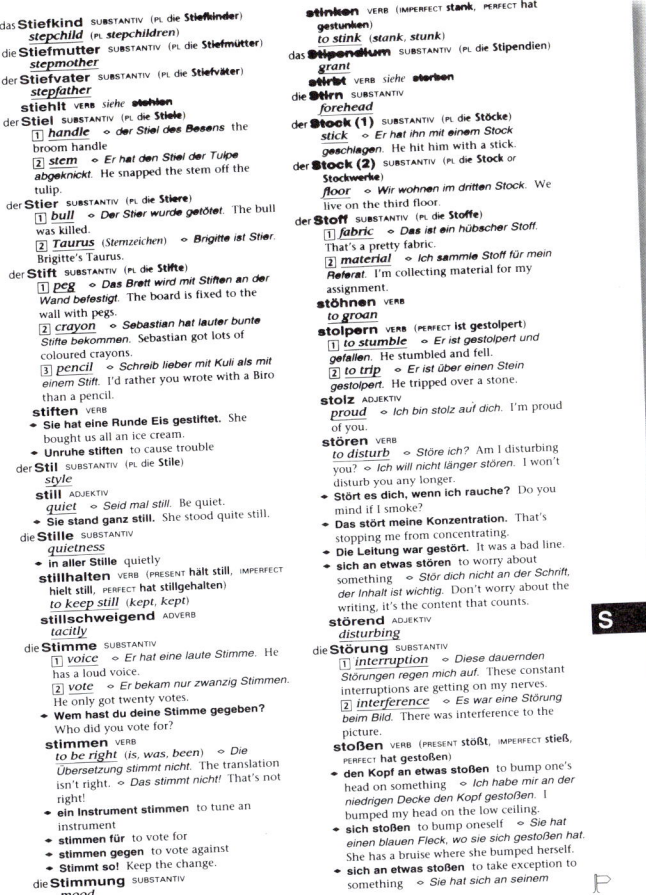

EXAM TIP

Dictionaries can be very helpful in your exam but you won't have a lot of time to look up words. It is also easy to choose the wrong translation. Use these activities to practise getting it right.

Extract from Collins Easy Learning German Dictionary

1 Use the dictionary to find the English equivalent of each of the underlined words.
Karl machte einen Spaziergang mit seiner Stiefmutter auf dem Lande. Plötzlich sahen sie einen Stier. Karl schrie mit lauter Stimme und wollte das Vieh mit einem Stock verjagen aber seine Stiefmutter sagte, sie sollten das Tier nicht stören und sie gingen langsam und in aller Stille weg.

2 Using the dictionary, copy and complete the English sentences.
   a) *Er ist auf die Treppe gestolpert.* He .... on the stairs.
   b) *Die letzte Wahl hat er mit vierzig Stimmen gewonnen.* He won the last election with forty ....
   c) *Sie las jeden Tag ihr Horoskop. Sie war Stier.* She read her horoscope every day. She was ....
   d) *Entschuldigung, wenn ich dich störe.* Sorry if I am .... you.
   e) *Ich suche ein schönes Stoff für ein Kleid.* I am looking for a nice .... for a dress.

3 Choose the correct English equivalent for each underlined German word.
   a) Im dritten Stock: stick; stack; floor
   b) Der Blumenstiel: stem; handle; style
   c) Die Stille: quiet; peace; quietness
   d) Es gab viele Störungen: interruption; interruptions; interrupting
   e) Bunte Stifte: material; pens; crayons

Using your dictionary

SECTION A

Getting something to eat

1 You see a parking place near this sign. Who is allowed to park here without paying? (2)

2 You are looking for somewhere to eat. At what time of day could you get a hot meal here? (1)

3 You see this advert for a café. Why might some people choose to eat here? (2)

EXAM TIP

In these tasks, there are numbers after each question as there would be in your exam. Remember that these show the number of marks for that question. You know therefore that you must give **two** details in your answers to questions 1 and 3.

A special restaurant

Hotel-Restaurant Wolfschlucht

HAPPENKARTE

Wer die Wolfschlucht nicht kennt hat Münstereifel verpennt!

Hier kann man nicht nur gut essen, sondern auch
– Schlafen in modern eingerichteten Zimmern mit DU/WC und TV.

SALATE

124 Salat Saison klein	6,50 DM
125 Salat Saison groß	11,50 DM
126 Salat Schinken, Thunfisch, Ei	15,00 DM
127 Salat mit frischem Obst	14,50 DM
128 Salat mit Folienkartoffel	16,50 DM

Hausgemachter Kartoffelsalat

136 mit 2 Siedewürstchen	13,50 DM
137 mit paniertem Schnitzel	13,50 DM

UND STEAKS

192 Grill - Mix Teller	16,00 DM
193 Schweinefilet	17,50 DM
194 Rumpsteak ca. 200 g	19,00 DM
195 Rumpsteak ca. 300 g	25,00 DM
196 Lammkoteletten	24,50 DM

alle Steaks mit Saucen und Weißbrot
dazu empfehlen wir:
Folienkartoffel mit Sauerrahm 4,50 DM

Bitte fragen Sie auch nach unserer Speisekarte!
Alle Speisen ohne Aufpreis zum Mitnehmen!

Neu in der Wolfschlucht!

FÜR UNSERE VIERBEINER

Für die Kleinen Festmenü
aus dem Haus Cesar 150 g

581 mit Wild und Herz	3,00 DM
582 mit Kalb und Truthahn	3,00 DM
583 mit Lamm und Rind	3,00 DM
584 mit Geflügel und Rind	3,00 DM

Für die Großen Deftiges
von Pedigree Pal 400 g

585 mit Wild	3,50 DM
586 mit Rind	3,50 DM
587 mit Pansen	3,50 DM
588 mit Herz, Leber und Pansen	3,50 DM

Lies die Informationen über dieses Restaurant und beantworte die Fragen.

A Sieh dir diese Bilder an. Welche Bilder passen zu welchen Speisen? Schreib den Buchstaben von jedem Bild mit der passenden Nummer von der Speise.

Beispiel: a = 195

a  b  c

d  e 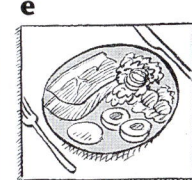 f

B Was ist richtig?
1 In der Wolfschlucht kann man
   a) nicht vegetarisch essen.
   b) nur zum Frühstück essen.
   c) übernachten.
   d) nicht gut essen.
2 In die Wolfschlucht dürfen
   a) Hunde rein.
   b) keine Hunde rein.
   c) keine Kinder rein.
   d) nur Erwachsene rein.
3 a) Man kann das Essen hier bestellen und es zu Hause essen.
   b) Man muss das Essen hier im Restaurant essen.
   c) Wenn man das Essen mitnimmt, muss man extra bezahlen.
   d) Essen zum mitnehmen ist kostenlos.

C Was könntest du für deine Freunde und Freundinnen bestellen?
1 Werner ist Vegetarier.
2 Ute hat großen Hunger und isst gern Fleisch.
3 Karl möchte etwas vom Rind essen.
4 Beate hält Diät.
5 Frank ist ein deutscher Schäferhund.

How good a cook are you?

Lies diesen Artikel und beantworte die Fragen.

TOPF ODER DOSE

Wer gerne gut isst, muss nicht unbedingt gut kochen können. Das ist bei vielen Jugendlichen so.

Daniel (14): „Ich mag nicht kochen, kann es auch gar nicht. Wenn ich aus der Schule komme, wärme ich mir fast immer ein Fertiggericht auf. Meine Mutter ist berufstätig. Sie hat darum keine Zeit zum Kochen. Ich esse gerne, am liebsten asiatische Reisgerichte. Kochen finde ich eher lästig. Bei mir darf es nicht länger als fünf Minuten dauern. Ich finde, Kochen ist nicht unbedingt Frauensache. In einer Familie sollte immer der kochen, der es am besten kann."

Christina (15): „Zuhause koche ich nur einfache Gerichte, wie Spiegeleier oder Nudeln. Ich kann aber auch Pizza machen. Der Vater meiner Freundin ist Bäcker. Er hat mir und meiner Freundin gezeigt, wie man Pizza zubereitet. Im Urlaub haben wir zusammen für die ganze Familie eine Pizza gebacken. Am liebsten esse ich übrigens italienische Gerichte. Ich lerne gerade in der Schule kochen. Zur Zeit macht mir Kochen noch Spaß. Später möchte ich eine Familie haben. Wie es dann sein wird, weiß ich nicht."

Martin (16): „Ich lerne gerade in der Schule kochen. Es macht mir großen Spaß. Ich finde es wichtig, dass auch Männer kochen können. Kochen ist doch lebensnotwendig. Ich esse außerdem gerne. Zur Zeit etwas ungesund: zu viel Schokolade und Chips. Bislang habe ich zu Hause nur Spiegeleier gebraten und Ravioli aus der Dose aufgewärmt. Meine Mutter kocht jeden Tag. Manchmal helfe ich ihr bei den Vorbereitungen. Wenn ich später mal eine Familie habe, möchte ich auch kochen. Falls ich dann noch Zeit dazu habe!"

Kathrin (15): „Wenn ich von der Schule nach Hause komme, mache ich mir meistens einen Salat. Ich halte seit einem Jahr Diät. Ich habe mich daran gewöhnt, auf Kalorien zu achten. Ich koche aber auch sehr gerne. Meine Mutter und meine Oma haben es mir gezeigt. Am liebsten koche ich für andere. Dann mache ich schon mal ein Fleischgericht, wie Schnitzel oder Frikadellen. Obwohl mir Kochen großen Spaß macht, möchte ich später nicht Köchin werden."

Nurcan (15): „Ich bin Türkin und koche manchmal für die ganze Familie. Wir sind vier Personen zu Hause. Ich koche hauptsächlich türkische Spezialitäten. Das habe ich von meiner Mutter gelernt. Kochen macht mir großen Spaß. Meine Mutter ist berufstätig. Sie bereitet meistens das Essen für uns vor, bevor sie zur Arbeit geht. Ich finde, auch Männer sollten kochen. Mein Vater kocht manchmal am Wochenende. Ich mag nicht nur türkische Spezialitäten. An der Imbissbude hole ich mir Pizza, Hähnchen und vor allem Pommes. Die esse ich mindestens einmal am Tag. Darauf kann ich nicht verzichten! Zum Glück kann ich so viel essen, wie ich will. Ich nehme nicht zu. Als Erwachsene möchte ich Hausfrau sein."

UNDERSTANDING WORDS

When you meet an unfamiliar word, try to find a part of the word which you can connect with a word you already know.

wärme ... auf = to warm up   connects with **warm** = warm

berufstätig = working   connects with **Beruf** = job

ungesund = unhealthy   connects with **gesund** = healthy

Start to get used to connecting words you know with parts of unfamiliar words. You could make a list of 'connecting words' as you work through this book. Keep this list and learn it for your exam.

A Beantworte die Fragen auf Deutsch.

Daniel
1. Warum hat seine Mutter keine Zeit zum Kochen?
2. Was isst er gern?

Christina
3. Was bereitet Christina zu Hause zu essen vor?
4. Wann hat sie eine Pizza für die ganze Familie vorbereitet?

Martin
5. Wo lernt er kochen?
6. Was isst er gern?

Kathrin
7. Warum isst sie meistens Salat?
8. Wer hat ihr gezeigt, wie man kocht?
9. Was bereitet sie gern vor?

Nurcan
10. Woher kommt Nurcan?
11. Wer bereitet manchmal das Essen am Wochenende vor?
12. Was möchte Nurcan später werden?

B Wer macht das? Schreib den (die) richtigen Namen für jede Antwort.

1. Wer bereitet gern Pizza vor?
2. Wer lernt in der Schule kochen?
3. Wer kocht nur, wenn es schnell geht?
4. Wer meint, dass nicht nur Frauen kochen sollen?
5. Wer isst sehr gern Pommes?
6. Wer hält Diät?
7. Wer möchte später nicht Köchin werden?
8. Wer kocht gern?
9. Wer wärmt normalerweise etwas auf?
10. Wer braucht nicht auf Kalorien zu achten?

EXAM TIP

In your exam, this sort of task (B) will sometimes be set out as a grid, where you tick the appropriate names for each answer. Be careful: you will often have to write or tick more than one name to answer the question. You will probably not find a number in brackets after each question to tell you how many names to write. You must therefore quickly scan each text to answer a question. Remember to read the question first and then scan the texts. Do not read the texts first. This will waste time.

What's on the menu?

A Look at the photos and answer these questions in English.

1 What is included in the salad? (3)

2 The selection of cakes at this café includes Champagne cream cake and apple strudel. What other two cakes are on the menu? (2)

3 What starter do you get on this menu? (1)

4 What is included with the pork steak? (4)

5 Exactly what drink is included on this menu? (2)

6 What choice of sandwiches is available? (2)

7 What is included in this special offer? (2)

8 What would you buy to eat here? (1)

B Sieh dir die Fotos noch einmal an. Welches Café würdest du empfehlen? Schreib die Nummer des richtigen Fotos auf.
  1 Karin möchte sehr schnell warm essen.
  2 Martin möchte in einer schönen Café-Konditorei essen.
  3 Paul hält Diät.
  4 Susi hat zu Mittag großen Hunger.

Things to buy

1 What can you buy from this stall? (2)

2 What is this notice advertising? (5)

EXAM TIP

Remember to give **five** details in your answer to question 2.

A puzzle

Sieh dir dieses Rätsel an und beantworte die Fragen auf Deutsch.

Farbwürfel

Ein großer Würfel aus Holz wird orange angemalt und dann in kleine Würfel zersägt, so wie er auf der Abbildung unterteilt ist. Wie viele Würfel haben zwei orange Seiten und wie viele haben drei orange Seiten?

Problems at school

Lies diesen Artikel und beantworte die Fragen.

Die letzte Chance

Wer sitzen bleibt, kann in einigen Bundesländern eine Nachprüfung ablegen.

Blaue Briefe hat er schon öfters bekommen. „Ich bin manchmal ein bisschen faul!" erklärt Ralf (17). Trotzdem hat er es immer wieder geschafft. Doch dieses Mal sieht es anders aus. Der Schüler der 11. Klasse des Gymnasiums konnte seine Fünf in Englisch und seine Vier in Sozialwissenschaften nicht verbessern. Beide Fächer sind Leistungskurse. Ralf blieb sitzen. Sein Zeugnis kam eine Woche vor Ferienbeginn mit der Post. Ein Anmeldeformular für die Nachprüfung steckte mit im Umschlag. Wird ein Schüler nicht versetzt, kann er in dem Fach mit einer Fünf eine Nachprüfung ablegen. Die findet meistens in den ersten Tagen des neuen Schuljahres statt. Besteht er die Prüfung, wird er in die nächste Klasse versetzt. Für Ralf die Chance! „Lieber die Ferien opfern und für die Prüfung lernen als eine Klasse wiederholen und so ein Jahr verlieren", meint er. Auch wegen seiner Freunde will er in der Jahrgangsstufe bleiben. Ralf meldete sich zu einem Ferienförderkurs an, um seine Chancen zu verbessern. 468 Schüler aus der ganzen Stadt kommen in einer Schule zusammen und nehmen an den Kursen teil. Sie werden in kleinen Gruppen von einem Lehrer unterrichtet. Zwei Stunden täglich von Montag bis Freitag, drei Wochen lang. „Die Schüler haben hauptsächlich Schwächen in Mathematik, Englisch, Deutsch, Latein und Französisch", erzählt Annette Krupicka (38) vom AKS, der die Förderkurse organisiert. In Köln legten im letzten Jahr 1029 Schüler eine Nachprüfung ab, davon bestanden 67%. Die Hälfte von ihnen bereitete sich zu Hause auf die Prüfung vor.
Ralf will eine Woche vor Schulbeginn noch einmal so richtig büffeln. „Wenn ich gut vorbereitet bin", sagt er, „habe ich keine Prüfungsangst." Zwei Tage dauert die Prüfung. Am ersten Tag wird Ralf schriftlich, am zweiten mündlich geprüft. „Wenn ich es schaffe, feiere ich natürlich mit meinen Freunden."

Wortschatz

eine Prüfung bestehen verb to pass an exam
büffeln verb to swot
der Förderkurs(e) noun special classes
die Jahrgangsstufe(n) noun school year group
opfern verb to sacrifice
die Prüfung(en) noun exam
schaffen verb to manage
stattfinden verb to take place
teilnehmen verb to take part
das Zeugnis(se) noun report

UNDERSTANDING WORDS

There are some good examples of 'connecting words' in this text. Look at the words below and the words with which they connect. Can you work out the meaning of the new words?

New word
mündliche (Prüfung)
schriftliche (Prüfung)
Schwächen
verbessern

Connecting word
der Mund = mouth
schreiben = to write
schwach = weak
besser = better

mündliche (Prüfung) = Speaking Test;
schriftliche (Prüfung) = Writing Test;
Schwächen = weaknesses;
verbessern = to make better/improve

DAS DEUTSCHE SCHULSYSTEM

Blaue Briefe	Die Eltern bekommen einen blauen Brief, wenn ihr Sohn (ihre Tochter) schlechte Noten bekommt.
die 11. Klasse	Schüler in der 11. Klasse sind meistens 17 Jahre alt.
eine Vier	Die Noten für Klassenarbeiten sind 1 bis 6. Eine Eins ist die beste Note. Eine Vier ist keine gute Note.
Leistungskurse	Fächer, die Studenten haben müssen.
sitzen bleiben	Man geht nicht in die nächste Klasse.
die Nachprüfung	Wenn man schlechte Noten bekommt, kann man später diese zweite Prüfung machen.
versetzt werden	in die nächste Klasse gehen.

EXAM TIP

This text is about school in Germany. To prepare for your exam, it will help if you know something about German schools and understand what the specialist phrases mean. The explanations on the left will help you. Copy them and write an explanation of each phrase in English.

A Find the German for the following sentences in the article.

1. Ralf stayed down in the same class.
2. It [a repeat exam] takes place mostly in the first days of the new school year.
3. If he passes the exam he will move into the next class.
4. He wants to stay in the same year group because of his friends.
5. Ralf enrolled in a holiday course of special classes.
6. Half of them prepared themselves for the exam at home.
7. Ralf wants to swot properly again a week before the start of term.
8. "If I succeed, naturally I'll celebrate with my friends."

B Beantworte diese Fragen auf Deutsch.

1. Wie ist Ralf?
2. Welche Note hat er in Englisch bekommen?
3. Wann findet die Nachprüfung statt?
4. Wie viele Schüler haben sich zu dem Ferienförderkurs gemeldet?
5. Wann werden sie unterrichtet?
6. Wie viel Prozent der Schüler aus Köln haben letztes Jahr die Nachprüfung bestanden?
7. Wann möchte Ralf büffeln?
8. Wie lange dauert die Prüfung?

EXAM TIP

Remember, you do not need to answer the questions in full sentences.

A useful advert

1. What sort of person would be interested in this advert? (1)
2. Why would they be interested? (2)

Schülerhilfe

Preiswerte Nachhilfe und erfolgreiche Betreuung im Förderunterricht.

Packing for school!

Wortschatz					
der Abfall(¨e)	noun	rubbish	**überflüssig**	adjective	superfluous, unnecessary
der Inhalt(e)	noun	contents	**unnütz**	adjective	useless
der Schulranzen(–)	noun	schoolbag	**wichtig**	adjective	important
tatsächlich	adverb	really			

Lies den Comic strip links. Schreib den Text unten ab und ergänze ihn.

Mick ist .... Eines Tages sagte seine .... , dass er den Inhalt seines Schulranzens auf den Tisch legen sollte. Er hatte sehr .... Sachen in dem Ranzen. Mick war gar nicht .... Als .... musste er den Ranzen neu ordnen. Er musste .... in den Altpapier-Container werfen, er musste Glas in den .... werfen. Am .... Tag legte Mick den Inhalt seines Ranzens wieder auf seinen .... Die Lehrerin kam zu ihm und fragte, wo seine .... wären. Mick hatte alles Unwichtige herausgeworfen. Er hatte seine .... in den .... geworfen! Seine Holzlineale waren beim Kaminholz und er hatte überhaupt .... Bücher!

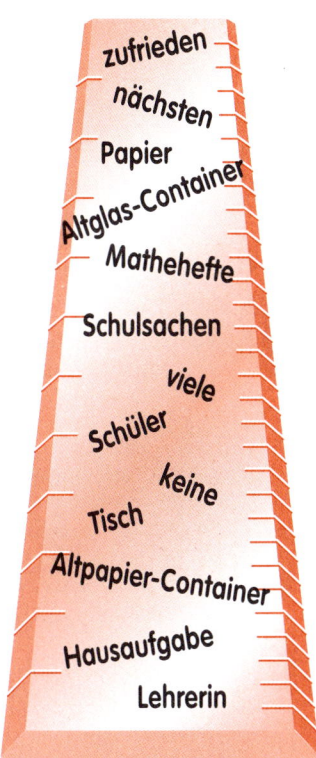

zufrieden
nächsten
Papier
Altglas-Container
Mathehefte
Schulsachen
viele
Schüler
keine
Tisch
Altpapier-Container
Hausaufgabe
Lehrerin

Auf dem Lineal rechts findest du die Wörter, die du brauchst, um den Text zu ergänzen.

What do you carry in your school bag?

WAS KINDER ALLES ZUR SCHULE SCHLEPPEN

Vier dicke Bücher, Hefte, Schere, Klebstoff, jede Menge Filzstifte, ein Butterbrot, Turnschuhe, Turnhose und eine Flasche Mineralwasser - „ich komm' mir vor wie ein Packesel", stöhnt die 9jährige Denise. 7,1 Kilo schleppt das 50 Pfund leichte Mädchen mit in die vierte Klasse.

Rund 90 Prozent aller Grundschulkinder tragen viel zu schwere Schultaschen. Eine Grundschullehrerin hat aber eine praktische Lösung: „In unseren Klassen gibt's Fächer, in die jedes Kind alles legt, was es zu Hause nicht für seine Schularbeiten braucht."

Was aber nützt die beste Idee, wenn die Ranzen mit Gameboys, CDs, Walkmen, Rennautos und Getränkeflaschen vollgestopft sind?!

A Lies diesen Artikel. Was findet man in Schulranzen? Sieh dir die Bilder unten an. Schreib den Buchstaben von jedem richtigen Bild.

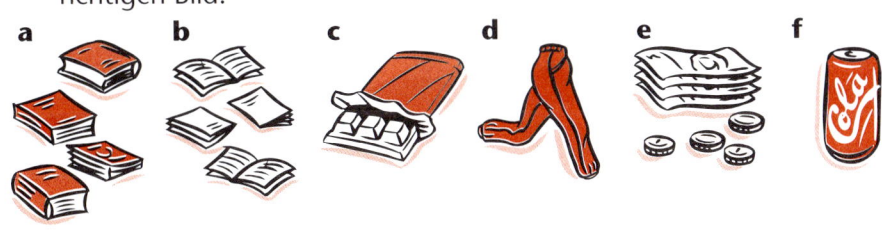

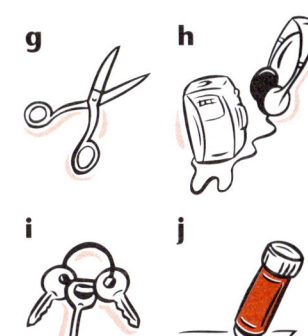

B Die Bilder oben zeigen nicht alle Sachen, die in den Schulranzen waren. Schreib eine Liste auf Deutsch und auf Englisch von den acht Sachen, die fehlen.

Book reviews

Sieh dir diese Bücher an und lies die Texte. Welcher Text passt zu welchem Buch? Schreib den Nummer des Buchs mit dem Buchstaben des passenden Texts.

1

2

3

4

A

Ein buntes Bild der griechischen Seegeschichte. Man muß mit dem Meer rechnen, wenn man überleben will.

B

In den Ferien befreunden sich Delia und Jun mit einem Seehund. Später müssen sie bei der Rettung eines Seehundbabys mithelfen.

C

Ein 12jähriges Mädchen fährt in den Ferien mit ihrem Bruder nach Schweden. In einem kleinen Hafen sehen sie einen alten Frachter. Er sieht leer aus. Am Abend aber sehen sie Lichter an Bord.

D

Frankfurt im Jahre 1850. Die 15jährige Lisa bekommt eine Arbeitsstelle in einer großen Fabrik. Das Leben ist hart, und die Stunden sind lang. Aber das Geld für ihre kranke Mutter muß sie verdienen.

Keeping fit

Lies diesen Artikel und beantworte die Fragen.

Fit für den Winter – 10 Tips

1. Bringen Sie Ihren Kreislauf regelmäßig mit Sauna, Schwimmen und Spazierengehen auf Trab.
2. Eine abwechslungsreiche Ernährung bietet ausreichend Vitamine und Mineralstoffe: Paprika, Kiwi und Co., aber auch Milch und Vollwertprodukte helfen dem Immunsystem, sich gegen Erkältungen zur Wehr zu setzen.
3. Fahren Sie mit dem Fahrrad zur Arbeit – erst recht, wenn Sie in klimatisierten Räumen arbeiten.
4. Heizungsluft macht Nase und Hals anfällig für Erkältungsviren. Reduzieren Sie die Raumtemperatur ein wenig und hängen Sie Wäsche zum Trocknen in der Wohnung auf.
5. Frische Luft ist gerade in der Nacht wichtig: Öffnen Sie vor dem Schlafengehen Ihr Schlafzimmerfenster, bis die Luft ausgetauscht ist, und stellen Sie den Raumthermostat auf 15 Grad ein. Das reicht zum Schlafen.
6. Trinken Sie viel. So sind die Schleimhäute besser geschützt und werden widerstandsfähiger gegenüber Erkältungsviren.
7. Die Wärme, das „Aroma" und die Flüssigkeit eines heißen Tees wirken bei Husten und Schnupfen schleimlösend.
8. Halsschmerzen lassen sich immer noch durch die altbewährte warme Milch mit Honig lindern.
9. Hören Sie auf Ihren Körper. Wenn Sie sich müde und schlapp fühlen, schlafen Sie sich mal richtig aus. Das ist keine Faulheit, sondern eine natürliche Therapie.
10. Alles tut weh? Gönnen Sie sich, sofern Sie kein Fieber haben, ein warmes Bad, am besten mit einem Badezusatz aus Thymian-Extrakt.

A Lies die Sätze unten und schreib R für richtig, F für falsch und NI, wenn es keine Information gibt.

Beispiel: Sie sollen im Winter spazierengehen. R

1 Sie sollen im Winter oft schwimmen gehen.
2 Im Winter ist es zu kalt, um schwimmen zu gehen.
3 Sie sollen nur schwimmen gehen, wenn die Sonne scheint.
4 Sie sollen Vitamintabletten nehmen.
5 Sie sollen viel Obst essen.
6 Sie sollen sich fit halten.
7 Sie sollen nicht immer mit dem Auto zur Arbeit fahren.
8 Sie sollen die Temperatur im Haus nicht zu hoch stellen.
9 Sie sollen im Winter niemals die Fenster aufmachen.
10 Sie sollen keine Heizung im Schlafzimmer haben.
11 Beim Aufstehen sollen Sie einen Fruchtsaft trinken.
12 Wenn Sie Halsschmerzen haben, sollen Sie sofort zum Arzt gehen.

B Beantworte diese Fragen auf Deutsch.
1 Was soll man essen und trinken, um sich gegen Erkältungen zu schützen?
2 Bevor man ins Bett geht, soll man den Raumthermostat auf 15 Grad einstellen. Was soll man sonst machen?
3 Was soll man trinken, wenn man an Halsschmerzen leidet?
4 Was soll man machen, wenn man müde ist?
5 Was soll man machen, wenn alles weh tut?

Humour

Lies diesen Witz und beantworte die Fragen.

„... und passen Sie auf, daß er nicht wieder unter einen Rasenmäher kommt!"

1 Was tut dem Gartenzwerg weh?

2 Was hat ihm wehgetan?

Helping at home

Lies diese Texte und beantworte die Fragen.

WEM HILFST DU?

1 Hallo Heiko!

Wem hilfst du? Ich helfe meiner Mutter.
Und wobei hilfst du? Ab und zu bei der Hausarbeit. Zum Beispiel helfe ich meiner Mutter beim Staubsaugen oder beim Wäscheaufhängen. Mein Zimmer räume ich allerdings seltener auf. Dazu habe ich meistens keine Lust. Und das Auto wäscht mein Vater lieber selbst. Dann wird es sauberer als bei mir.
Bekommst du etwas für deine Hilfe? Nein. Aber wenn ich längere Zeit nichts mache, schimpfen meine Eltern. Natürlich haben sie damit recht, wenn ich faul bin.

2 Hallo Melanie!

Wem hilfst du? Ich helfe meinen Eltern, aber auch Freunden und Bekannten.
Und wobei hilfst du? Ab und zu helfe ich meiner Mutter im Haushalt. Sonst passe ich auf die Kinder von Bekannten auf und spiele mit ihnen. Das mache ich sehr gern. Wenn ich zu Hause helfen soll, muß mich meine Mutter oft fragen. Das gebe ich zu.
Bekommst du etwas für deine Hilfe? Wenn ich mich um Babys oder Kinder kümmere, bessere ich damit mein Taschengeld auf.

3 Hallo Tina!

Wem hilfst du? Meiner Familie, meinen Freunden und meinen Bekannten.
Und wobei hilfst du? Ich passe auf Kinder auf oder helfe meiner Schwester bei den Hausaufgaben. Im Haushalt mache ich eigentlich alles: Spülen, Bügeln oder Putzen.
Bekommst du etwas für deine Hilfe? Ich helfe freiwillig, obwohl ich meiner Schwester die Hausaufgaben nicht so gerne erkläre. Meinen Eltern und Bekannten biete ich auch schon mal Hilfe an.

4 Hallo Marta!

Wem hilfst du? Ich helfe meiner Mutter. Meiner Oma helfe ich auch ab und zu.
Und wobei hilfst du? Das ist unterschiedlich. Ich bügele die Wäsche oder putze das Badezimmer. Nachmittags gehe ich mit dem Hund in einen Park. Dort spiele ich mit ihm.
Bekommst du etwas für deine Hilfe? Nein, das mache ich freiwillig.

Wortschatz	UNDERSTANDING WORDS
aufpassen auf verb — to look after **freiwillig** adverb — voluntarily **sich kümmern um** verb — to take care of **Lust haben** verb — to feel like doing something	Some German words look very long, but they are in fact two or more words joined together. Get used to seeing how these long words split into shorter words. This will help you to understand them. **Hausarbeit** splits into **Haus** + **Arbeit** = housework **Wäscheaufhängen** splits into **Wäsche** + **aufhängen** = hanging out the washing **Taschengeld** splits into **Tasche** + **Geld** = pocket money

A Sieh dir die Bilder an. Welche Texte passen zu welchen Bildern? Schreib den Buchstaben von jedem Bild mit der Nummer der passenden Texte.

a b c d
e f g h
i j k

B Beantworte diese Fragen auf Deutsch.

1 Wer hilft
   a) nur der Mutter?
   b) der Oma?
   c) der Mutter und dem Vater?
   d) Freunden und Bekannten?
   e) der Schwester?

2 Wer bekommt Geld für die Hilfe?

3 Wer hilft freiwillig?

A child's dream house

1 Was macht dieses Kind gern? (3)

2 Schreib alle Wörter ab, die etwas beschreiben, was man essen oder trinken kann. (6)

3 Schreib das ganze Gedicht ab aber ändere die unterstrichenen Wörter, um **dein** Traumhaus zu beschreiben.

Traumhaus

Mein Traumhaus ist aus <u>Schokolade</u>,
und im Schwimmbecken fließt <u>Limonade</u>.
Aus <u>Marzipan</u> sind die Gardinen
und das Bett ist aus <u>Rosinen</u>.
Mein Sofa ist aus <u>Kaubonbons</u>,
und daran hängen <u>Luftballons</u>.
Die Treppe ist aus <u>Joghurteis</u>,
da lauf' ich rauf mit sehr viel Fleiß.
Zwei Türme, die sind auch noch dran,
worin man sehr gut <u>zeichnen</u> kann.

SECTION A Now test yourself!

TIPS FOR EXAM SUCCESS

Remember with each item:

1 If the questions are in English, answer in English. If they are in German, answer in German.
2 Remember to look at the number after each question to see how many marks are allocated to the question. Make sure you answer in enough detail to gain all these marks.
3 Finally, remember to read each question in turn and then scan the text to find the answer. You do not need to read the text first.

1

You see this shop sign in a German town.

a) What sort of things does this shop sell? (2)

b) When is it open? (1)

Sonntags von 9.30 – 18.00 Uhr geöffnet

Von Brötchen über Hefeteilchen bis zur Torte. Alles, was einen Sonntag schöner macht

2

It is a lovely, sunny day and you want to go to a café. Why would this be a good café to choose? (2)

Aussichts-Terrasse Cafe

3

You see this sign outside another café. What information does it give about closing times? (3)

Ab dem 13.08.1997 ist das Tee - Stübchen Mittwochnachmittags GESCHLOSSEN !!

4
Sie gehen essen. Hier ist die Speisekarte.

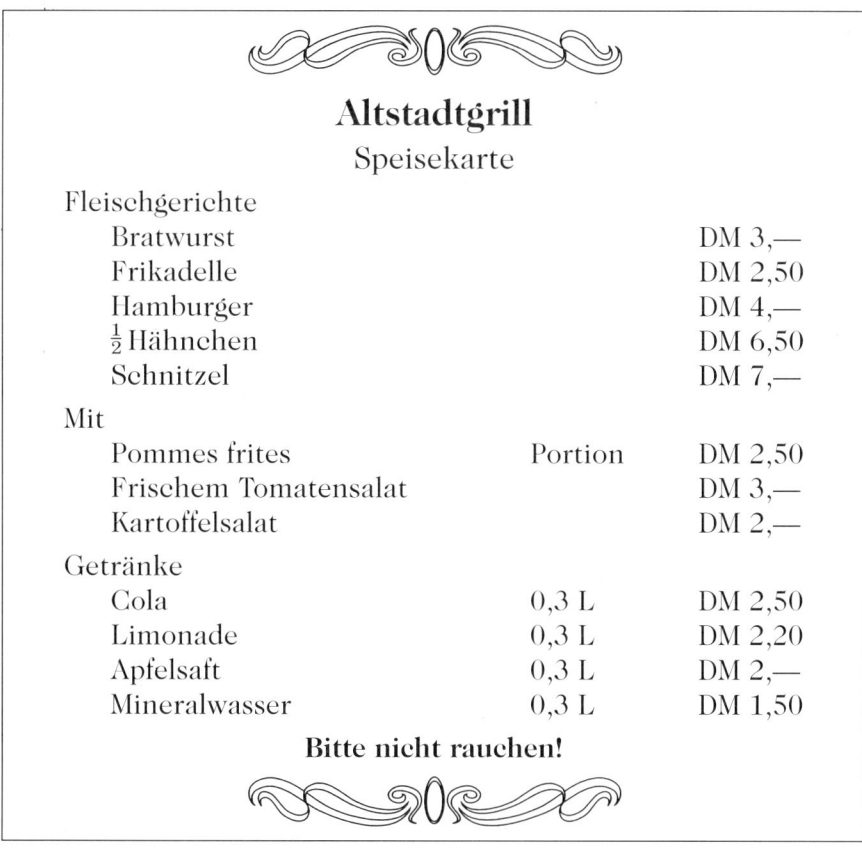

RICHTIG ODER FALSCH? Schreiben Sie den Buchstaben von der Frage und **R** oder **F**.

Beispiel: Eine Portion kostet DM2,00.   **F**

a) Eine kostet DM 7,00. (1)

b) Ein kostet DM 7,00. (1)

c) Ein kostet DM 2,00. (1)

d) Die Speisekarte hat keine warmen Getränke. (1)

e) Was heißt „Bitte nicht rauchen!"?
Schreiben Sie den Buchstaben von dem richtigen Bild.

A　　　B　　　C　　　D

(1)
(Total: 5 marks)

Midland Examining Group, (Short Course) Reading, Foundation Tier

5

Ein Brief von Sabine aus Dortmund

> Dortmund, den 1. Mai
>
> Hallo Kathy!
>
> Ich habe mich sehr über Deinen Brief gefreut. Vielen Dank für die Fotos von Dir und Deiner Familie im Urlaub letzten Monat. Das Wetter zu Ostern war hier nicht so toll wie bei Euch - meist bewölkt und kühl.
>
> Ich komme bald in die Oberstufe, aber ich weiß noch nicht ganz, was ich für einen Beruf später machen soll. Vielleicht mache ich etwas mit Computern, aber ich bin in Mathe ziemlich schlecht. Meine Eltern finden Computer nicht gut. Sie meinen, daß es zu viele junge Leute gibt, die den ganzen Tag nur am Computer „spielen"!
>
> Mein Freund Jürgen ist an der Berufsschule. Als Hauptfächer macht er Kochen und Hotelwesen und dazu lernt er Englisch und Mathe. Im kommenden Jahr soll er mit Französisch anfangen. Er ist nicht sehr glücklich darüber - er findet Fremdsprachen schwer. Aber als Koch wird er ein bißchen Französisch brauchen, das weiß er ja.
>
> Also, das wär's für heute.
>
> Viele Grüße - auch an Deine Eltern
>
> Tschüß
>
> Sabine

Wählen Sie die Antwort aus, die am besten passt. Schreiben Sie den Satz ab und füllen Sie die Lücken aus.

Beispiel: Kathy ist Sabines ....

(*Tante, Brieffreundin, Nachbarin*)

Antwort: Kathy ist Sabines Brieffreundin.

a) Kathy war .... im Urlaub.
   (*zu Weihnachten, zu Ostern, im Sommer*) (1)

b) Sabine ...., was sie später als Beruf machen will.
   (*weiß, ist nicht ganz sicher, hat keine Ahnung*) (1)

c) Sabine ....
   (*ist nicht so gut in Mathe, ist sehr gut in Mathe, findet Mathe leicht*) (1)

d) Sabines Eltern .... Computer.
   (*sind gegen, interessieren sich sehr für, spielen den ganzen Tag am*) (1)

e) Jürgen möchte gern ....
   (*Fremdsprachen lernen, als Koch arbeiten, in Frankreich wohnen*) (1)

(Total: 5 marks)

Midland Examining Group, (Short Course) Reading, Foundation Tier

6
Vergleichen Sie den Text mit den Aussagen unten.

Wenn Schüler zur Selbsthilfe greifen

Der Direktor eines Gymnasiums was sehr erstaunt, als er an einem Nachmittag mehrere Telefonanrufe von arbeitslosen Lateinlehrern bekam, denn er hatte doch überhaupt keine Stelle frei! Als er aber in die Tageszeitung sah, las er: "Dringend gesucht: Lateinlehrer mit Sinn für Humor, der gut erklären kann." Darunter stand die Telefonnummer der Schule. Jetzt verstand er. Einige Schüler, die mit ihrem alten Lateinlehrer unzufrieden waren, hatten diese Annonce in die Zeitung gesetzt.

Für jeden Satz schreiben Sie RICHTIG oder FALSCH.

a) Einige Lateinlehrer haben den Direktor des Gymnasiums angerufen. (1)
b) Jeden Nachmittag riefen mehrer Lehrer an. (1)
c) Die Lateinlehrer wollten sich nach einer Stelle in der Schule erkundigen. (1)
d) Die Schule brauchte einen Lateinlehrer. (1)
e) Die Schüler kamen gut mit ihrem Lateinlehrer aus. (1)
f) Der Lateinlehrer hatte einen guten Sinn für Humor. (1)
g) Der neue Lateinlehrer sollte alles gut erklären können. (1)
h) Die Telefonnummer der Schule stand in der Zeitung. (1)
i) Der Direktor war über die Annonce in der Zeitung überrascht. (1)
j) Der Direktor hatte vergessen, die Annonce in die Zeitung zu setzen. (1)

OCEA, Specimen Question Reading, Foundation Tier

SECTION B

A day out

Lies diese Broschüre und beantworte die Fragen.

Holiday Park

Lust auf Spaß

Erleben Sie im Holiday Park "Action, Spaß und Faszination" auf über 400.000 qm. Es erwarten Sie spannende und lustige Shows mit internationalen Künstlern und einzigartige Fahrattraktionen inmitten einer herrlichen Parklandschaft. Lassen Sie sich in einem der gemütlichen Restaurants verwöhnen oder genießen Sie einen Snack an unseren Imbissständen. Besuchen Sie den Holiday Park und erleben Sie einen unvergesslichen Tag voller Überraschungen!

Der Holiday Park ist täglich vom 27.03. bis 05.10., am 11. und 12.10. sowie vom 18.10. bis 02.11. geöffnet.
- Besonders günstige Tage für einen Besuch sind – aufgrund des erfahrungsgemäß geringeren Andrangs – Tage, an denen von 10–18 Uhr geöffnet ist.
- Sie können mit Ihrem PKW anreisen, mit Ihrem Busunternehmer oder erkundigen Sie sich bei der Bahn nach Sondertarifen (Zielbahnhof Haßloch). Von dort aus können Sie dann unseren Bustransfer in Anspruch nehmen.
- Auf Anfrage erhalten Sie gerne weitere Informationen über Eintrittspreise, Übernachtungsmöglichkeiten, Mehrtagesprogramme sowie spezielle Gruppenermäßigungen und Gastronomieangebote für Vereine, Betriebe, Senioren, Schulklassen, etc.

EXAM TIP

Although this is quite a short text, it contains some long and difficult words. However, you do not need to understand these to answer the questions. Remember always to read the questions before you read the text. Deal with each question in turn. Read question 1 and scan the text for the answer. Deal with each question in this way. You will then see which parts of the text you need to understand. You will rarely need to understand every word of the text to answer the questions.

A Read these English sentences about Holiday Park. Only some of the sentences are correct. Write the number of each correct sentence. Copy and correct the incorrect sentences.
1. Holiday Park is in the city centre.
2. You can only eat in restaurants in Holiday Park.
3. There are no snack bars.
4. Holiday Park is closed in January.
5. Holiday Park is closed on Mondays.
6. It is best to visit on days when Holiday Park is open from 10 a.m. until 6 p.m.
7. There is a train service to a station near Holiday Park.
8. You can only get to Holiday Park by car.
9. There are reduced rates for school groups.
10. There are no reduced rates for pensioners.

B Beantworte diese Fragen auf Deutsch.
1. Wo kann man im Holiday Park essen? (2)
2. In welchen Monaten ist der Holiday Park geschlossen? (3)
3. Wie kann man zum Holiday Park fahren? (3)
4. An welchen Tagen im Juli ist der Holiday Park geöffnet? (1)

Penpals

1

Wir, 11jährige Zwillinge, suchen Brieffreundinnen. Unsere Hobbys sind: Volleyball, Reiten, Tennis, u.s.w. Wir haben viele Tiere. Wer Lust hat, uns zu schreiben, schreibt an: Christine und Marlene Schult, Fallreep 19, 38102 Braunschweig.

2

Hey du! Ich bin Kristin (11) und suche dringend Brieffreunde. Meine Hobbys sind: Musik, Reiten, Basteln, Schwimmen, ... Also schreibt mir!! Kristin Müller, Weststraße 4, 80799 München.

EXAM TIP

- You will quite often have to read and understand hand-written letters in your exam. Look carefully at the handwriting in these letters. Are there any letters of the alphabet which look different from the way you write them in English? Get used to reading and understanding German handwriting – you need it for your exam!
- The instructions tell you to write the number of letter(s) – **des Briefs (der Briefe)** – which match each picture. You must therefore expect more than one letter to match some pictures.

3

Hallo! Annika (13) sucht nette Brieffreundinnen im Alter zwischen 11 und 14 Jahren. Hobbys: Lesen, Schwimmen, Musik und Reiten. Bitte schreibt an: Annika Hartmann, Stüv 11, 24159 Kiel.

4

Hallo Leute, schreibt mir (12), egal wie alt ihr seid. Meine Hobbys: Reiten, mein Pflegepferd, mein Meerschweinchen, Musik, Schwimmen und Shoppen. Ich versuche, alle Briefe zu beantworten: Tanja Brock, Zieblandstr. 9, 39221 Eickendorf.

5

Hey Leute! Ich (12) bin ziemlich frech und wild. Meine Hobbys: Lesen, Tiere und Fahrrad fahren. Schreibt mir! Julia Lutz, Jülicher Ring 23, 44339 Dortmund.

6

Nie schreibt mir jemand! Ich (10) habe ein Meerschweinchen und liebe alle Tiere. Schreibt mir, ich freue mich über jeden Brief! Annika Simon, Ziethenstr. 4, 53879 Euskirchen.

Lies die Briefe oben und sieh dir die Bilder unten an. Wer hat diese Hobbys? Schreib den Buchstaben von jedem Bild und die Nummer des Briefs (der Briefe) die dazu passen.

a  **b**  **c**  **d**  **e**  **f**  **g**  **h**  **i**

Two creative hobbies

Two girls, Natalie and Isabella, tell us about their hobbies and why they chose them.

Kreative Hobbies

Geige oder Klavier spielen sagen mir nichts. Saxophon ist viel außergewöhnlicher. Außerdem gibt's nicht viele, die das machen. Ich hab' mich in mein Sax' von Anfang an verliebt. Zwar braucht man viel Luft, aber ich bekam sofort einen Ton raus. Wenn ich Jazz oder Blues spiele, kann ich kreativ sein. Meine Eltern sind selber Künstler und verstehen mich voll, wenn ich verrückte Sachen machen will.

Natalie

1 What appealed to Natalie about playing the saxophone? Write **three** things.

Menschen haben mich total fasziniert, daher habe ich so gern fotografiert. Man kann Menschen von einer Seite zeigen, die man sonst vielleicht nicht sieht. Daher habe ich in New York die Menschen fotografiert und eben nicht das Empire State Building. Ich habe in der Schule einen Fotokurs mitgemacht, der echt was gebracht hat. Jetzt weiß ich einigermaßen über die Technik Bescheid. Als Folge hatte ich mehr Interesse an Schulfächern wie Chemie und Physik.

Isabella

2 What attracted Isabella to photography?
3 How has her hobby influenced what she does in school? Write **two** things.

UNDERSTANDING WORDS

You should be able to work out the meaning of **Künstler** from its connection with **Kunst**.

There are words in these texts which look like English words. You should be able to work out the meaning of:
fasziniert   fotografiert   Fotokurs

EXAM TIP

When there is a picture with a text, it will illustrate the content of the text. Remember to use this to help you to work out what the text is about.

Free time

Lies diesen Text und beantworte die Fragen.

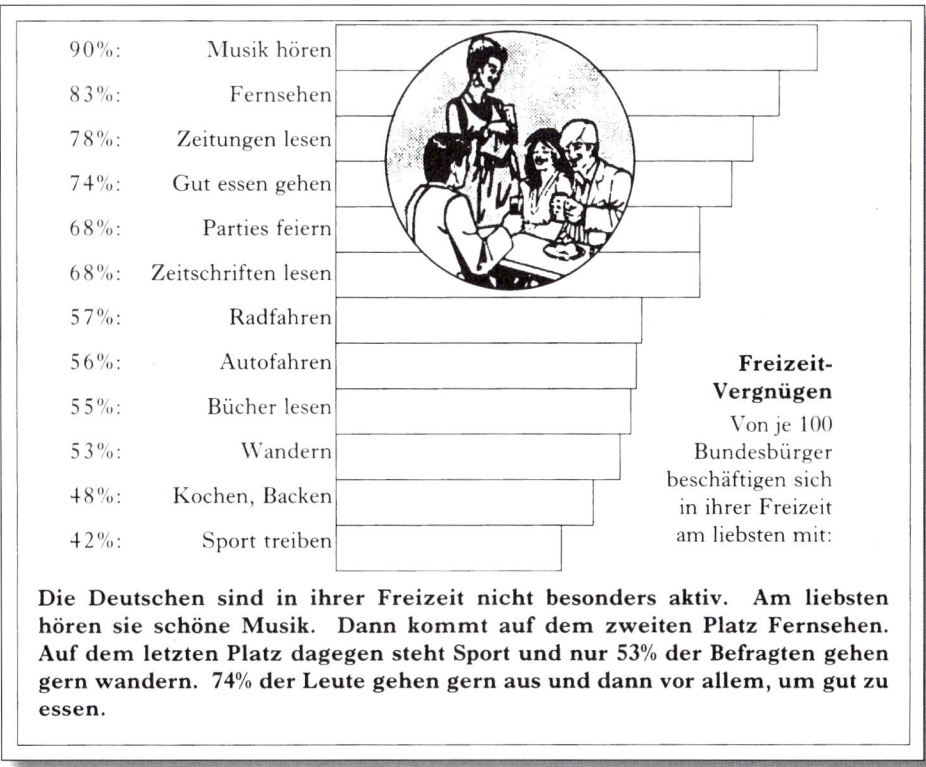

Freizeit-Vergnügen

Von je 100 Bundesbürger beschäftigen sich in ihrer Freizeit am liebsten mit:

- 90%: Musik hören
- 83%: Fernsehen
- 78%: Zeitungen lesen
- 74%: Gut essen gehen
- 68%: Parties feiern
- 68%: Zeitschriften lesen
- 57%: Radfahren
- 56%: Autofahren
- 55%: Bücher lesen
- 53%: Wandern
- 48%: Kochen, Backen
- 42%: Sport treiben

Die Deutschen sind in ihrer Freizeit nicht besonders aktiv. Am liebsten hören sie schöne Musik. Dann kommt auf dem zweiten Platz Fernsehen. Auf dem letzten Platz dagegen steht Sport und nur 53% der Befragten gehen gern wandern. 74% der Leute gehen gern aus und dann vor allem, um gut zu essen.

A Sieh dir die Bilder an. Für jedes Bild schreib die richtige Prozentzahl.

Beispiel: a 90%

B Beantworte diese Fragen auf Deutsch.

1. Wieviel Prozent der Leute sehen gern fern?
2. Was lesen die Leute am liebsten?
3. Fährt man lieber mit dem Rad oder mit dem Auto?
4. Was ist das Lieblingshobby?
5. Was für Hobbys machen die Leute nicht so gern?
6. Was machen die Leute am liebsten, wenn sie ausgehen?

A winter visitor

Lies diesen Text und beantworte die Fragen auf Deutsch.

Petra und der Igel

An einem kalten Morgen im November sieht Petra auf der Terrasse vor ihrem Haus einen Igel. Das ist seltsam, denn eigentlich halten die Igel im November **Winterschlaf**. Dieser Igel ist wohl krank. Petra holt dicke **Handschuhe** und trägt den Igel ins Haus. Zuerst legt sie das Tier auf die Waage: nur 529 Gramm – viel zuwenig für einen gesunden Igel. Das kleine Tier braucht also Hilfe. Petra badet den Igel in warmem Wasser und wäscht ihn mit Haarschampoo. Der Igel rollt sich zusammen und streckt seine Stacheln in alle Richtungen. Petra legt ihn in ein warmes Handtuch. Da schaut er wieder vorsichtig hervor. Danach gibt Petra dem kleinen Gast ein feines Frühstück: Hackfleisch und frisches Wasser. Igel essen auch gerne Hunde- und **Katzenfutter**, Haferflocken, Fisch und Eier. Aber dieser Igel will nichts essen. Petra bringt ihn zu einem **Tierarzt**. Der meint: Der Igel hat Würmer. Das Stacheltier bekommt eine Spritze. Zwei Wochen lang muß Petra nun den Igel pflegen. Dann hat er wieder ein normales Gewicht: 800 Gramm. Jetzt möchte er auch seinen Winterschlaf beginnen. Man sieht es: Er läuft ganz langsam und versucht ein Nest zu bauen. Petra setzt ihn in ein kleines Haus aus Holz. Das stellt sie in einen kühlen Raum im Keller. Aber auch beim Winterschlaf braucht der Igel Pflege. Zweimal in der Woche muß Petra das Schlafhaus reinigen. Sie stellt Futter und Wasser vor den Eingang. Der Igel braucht es, wenn er einmal kurz aufwacht. Anfang April wird der Igel wieder wach. Petra darf ihn nicht als **Haustier** behalten. Sie setzt ihn wieder zurück in den Garten.

UNDERSTANDING WORDS

Look out for words made up from two nouns. If you split the words into their two parts you should be able to work out their meaning.
Winterschlaf = **Winter** + **Schlaf** = 'winter sleep' (in this text: hibernation)
Handschuhe = **Hand** + **Schuhe** = 'hand shoes', i.e. gloves
Katzenfutter = **Katze** + **Futter** = cat food
Tierarzt = **Tier** + **Arzt** = 'animal doctor', i.e. vet
Haustier = **Haus** + **Tier** = 'house animal', i.e. pet

A
1. Wann sieht Petra den Igel? (1)
2. Wie ist das Wetter? (1)
3. Was machen Igel normalerweise im Winter? (1)
4. Warum ist dieser Igel auf der Terrasse? (1)
5. Was muss Petra anziehen, bevor sie den Igel ins Haus bringen kann? (1)
6. Wie viel wiegt der Igel? (1)
7. Was macht Petra zuerst mit dem Igel? (2)
8. Was bekommt der Igel zum Frühstück? (2)
9. Was gibt der Tierarzt dem Igel? (1)
10. Wie lange dauert es, bevor es dem Igel besser geht? (1)
11. Wohin stellt Petra den Igel zum Winterschlaf? (2)
12. Was macht Petra nach dem Winter mit dem Igel? (1)

B Now answer these questions in English.
1. What did Petra find on the terrace one November morning? (1)
2. Why was this a surprise? (1)
3. How did she know that the animal was ill? (2)
4. How did the animal react when Petra gave it some food? (1)
5. What did the animal want to do after it had recovered? (1)
6. How did Petra know this? (2)
7. What did Petra do to look after the animal during the wniter? (3)
8. What would the animal do at the beginning of April? (1)
9. What must Petra not do with this animal? (1)

Caring for your pets in summer

Lies diesen Text und beantworte die Fragen.

So kommen Heimtiere gesund durch den Sommer

Sonne, Wind und Meer – wer träumt nicht davon? Der Sommer macht uns Menschen glücklich, jedenfalls die meisten. Und wie steht es mit unseren kleinen Hausgenossen? Die meisten fühlen sich im Sommer wohl. Dennoch ist es wichtig, einige Grundregeln zu beachten:

- Heimtiere nie der prallen Sonne aussetzen. Wenn Ziervögel, Hamster oder Kaninchen den Sommer im Garten oder auf dem Balkon verbringen sollen: immer ein geschütztes, schattiges Plätzchen suchen.
- Darauf achten, daß es in der Wohnung keinen Durchzug gibt. Davon werden fast alle Heimtiere krank. Für Ziervögel ist Zugluft sogar lebensgefährlich.
- Tiere nicht in einem überhitzten Auto transportieren. Auto nicht in der Sonne stehen lassen.
- Tiere nicht bei geschlossenen Fenstern im Auto lassen, andererseits aber unbedingt Fahrtwind vermeiden: Bindehautentzündung droht.
- Nahrung immer frisch anbieten. Lieber häufiger kleine Portionen, als große Portionen reichen. Angebrochene Nahrung im Kühlschrank aufbewahren oder gleich kleine Packungen besorgen.
- Mehrmals am Tag frisches Trinkwasser bereitstellen, bei Vögeln und Nagern mit Zusatzpräparaten.

A Lies die Fragen und schreib den Buchstaben der richtigen Antwort.

1 Wovon träumen Menschen im Sommer? (2)

a 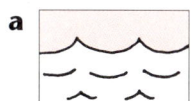 b  c  d

2 Wo sollen im Sommer Haustiere nie lange bleiben? (1)

a  b 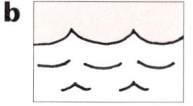 c  d

3 Wo verbringen Hamster im Sommer am besten den Tag? (1)

a 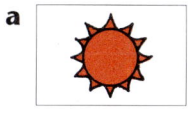 b 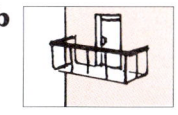 c  d

4 Wie soll man die Fenster stellen, wenn Tiere im Auto transportiert werden? (1)

a  b  c  d

5 Wo soll man die Nahrung am besten aufbewahren? (1)

a  b  c  d

6 Was soll man dem Tier oft am Tag anbieten? (1)

a  b  c  d

Wortschatz

anbieten *verb*
to offer

der Durchzug(¨e) *noun*
draught

geschützt *adjective*
sheltered

die Nahrung *noun*
food

schattig *adjective*
shady

vermeiden *verb*
to avoid

B Copy and complete these sentences.

1 Pets should always be kept in the ....
2 Make sure that the car is not too ....
3 Avoid placing an animal in a .... when it is travelling in the car.
4 It is better to serve the animal .... portions of food.
5 Fresh water should be given to the animal .... times a day.

In town

1 Who is this noticed directed at?
2 What is it telling people not to do?

Find the dog

A Try this puzzle. If you can't work it out from the caption by a process of elimination, try answering these questions.

1 Welcher Hund hat spitze Ohren und trägt ein Halsband?
2 Welcher Hund sitzt und hat einen Knochen?
3 Welcher Hund ist gefleckt und hat einen Stummelschwanz?
4 Welcher Hund sitzt und ist nicht gefleckt und hat keinen Stummelschwanz?
5 Welcher Hund hat lange Ohren und trägt kein Halsband?
6 WER IST BELLO?

B Beschreibe Bello jetzt richtig.

Wortschatz		
feststellen	verb	to find out
die Hälfte(n)	noun	half
der Knochen(–)	noun	bone
gelogen ptp of **lügen**	verb	to lie
der Stummelschwanz(¨e)	noun	stumpy tail
spitz	adjective	pointed
wahr	adjective	true

Have you got a sense of humour?

Sieh dir diesen Witz an. Was sagt der Mann mit dem Hund? Lies die Sätze unten und schreib die Nummer des richtigen Satzes.

1 Mit der neuen Farbe sieht unsere Lampe gut aus, oder?!
2 Gehen wir also spazieren?
3 Wir wussten erst nicht, was wir ihm zum Geburtstag schenken sollten!
4 Wie gefällt dir denn unser neues Haus?!

A special chimpanzee

Lies diesen Text und beantworte die Fragen.

Superschlauer Affe versteht 200 Wörter

Karli ist der schlauste Schimpanse der Welt.

Er ist drei, lebt in einem Privatzoo in Atlanta. Tierforscher sind erstaunt: Karli versteht schon 200 Wörter Englisch. Darunter so komplizierte wie ,,Anthropologe'' und ,,Enzyklopädie''. Zoologe Joe Rasso (52): ,,So ein Tier gibt es nur einmal auf der Welt.''

Joe brachte ihm die Wörter per Computer bei. Der Trainer sagte das Wort und zeigte Karli das entsprechende Symbol auf dem PC.

Das prägte sich der Affe ein. Fragt man ihn nach dem Wort, drückt er auf die entsprechende Taste.

Karli kennt sogar Tasten, auf denen ganze Sätze stehen. So fragt er: ,,Bleibt das Wetter schön?'', bettelt (,,Darf ich Schokolade haben?'') oder macht Witze (,,Bleib du im Käfig, lass' mich dafür raus.'').

UNDERSTANDING WORDS

In this text, there are some words which look exactly the same as English words:
Computer   Trainer   Symbol
They also mean the same as their English equivalents. Quite a few words are the same in German and English. Use these to help you to understand texts.

Some German and English words look very similar. Your common sense should help you to work them out. Try to work out the meaning of:
der Schimpanse   der Privatzoo
das Wort   kompliziert

der Schimpanse – chimpanzee; der Privatzoo – private zoo; das Wort – word; kompliziert – complicated

A Schreib diese Sätze ab und ergänze sie.
1 Der Schimpanse heißt ....
2 Er ist .... Jahre alt.
3 Er ist sehr ....
4 Er kommt aus ....
5 Er wohnt dort in einem ....
6 Er versteht zweihundert .... Englisch.
7 Er versteht auch .... Wörter.
8 Er lernt die Wörter per ....
9 Er hört zu und drückt auf die richtige .... auf dem PC.
10 Er kann auch ganze .... verstehen.

B Answer these questions in English.
1 What surprising thing can this chimpanzee do? (2)
2 How does he show that he can do this? (2)

A famous composer

Lies diesen Text und beantworte die Fragen.

Wer war's?

Seine Familie war wohl die bedeutendste Musiker-Familie aller Zeiten. Mehr als 100 Verwandte in sieben Generationen lebten von der Musik. Der aber war der berühmteste. Auch heute noch, 300 Jahre nach seiner Geburt, ist er für viele Menschen der größte Komponist, der jemals lebte.

Er kam am 21. März 1685 in Eisenach zur Welt. Sein Vater arbeitete dort als Musiker. Doch die Eltern starben früh. So lebte er bei seinem ältesten Bruder und bekam schon früh Musikunterricht. Er war kein Wunderkind wie später Mozart. Aber er hatte ein sehr gutes Gehör und eine schöne Sopran-Stimme.

1708 heiratete er seine Cousine Maria Barbara. Sie starb zehn Jahre später. Sie hatte zwei Töchter und fünf Söhne zur Welt gebracht. Seine zweite Ehefrau, Anna Magdalena Wilcken, bekam sechs Söhne und sieben Töchter. Er war sehr stolz auf seine Kinder. Mit seiner Familie konnte er sogar Konzerte mit Singstimmen und Instrumenten geben. 1723 wurde er Thomaskantor in Leipzig (heute DDR). Das war schon damals eine große Stadt. Er blieb dort bis zu seinem Tod im Jahr 1750. Seine Musik war nicht immer sehr beliebt. Viele Leute fanden sie zu „modern". In Leipzig mußte er immer wieder die Räte der Stadt um Geld bitten, wenn er seine berühmten Werke aufführen wollte. Für seine Passionen, Messen und Kantaten braucht man manchmal mehr als 100 Musiker. Er selber hatte oft nur 20 oder 30. Mehr konnte er nicht bezahlen.

Er war der größte Orgel-Spieler seiner Zeit. Für **die Orgel** hat er viel komponiert, aber auch für Klavier und Cembalo und für Orchester. Am wichtigsten aber war seine Kirchenmusik. Am Ende seines Lebens wurde er blind.

Er konnte seine Werke nur noch **diktieren**. Der Choral-Satz „Wenn wir in tiefen Nöten sind" war seine letzte Komposition bevor er starb.

Wortschatz		
berühmt	*adjective*	famous
die Geburt	*noun*	birth
sterben, starb	*verb*	to die
stolz	*adjective*	proud
der Tod	*noun*	death
der Unterricht	*noun*	lessons
der Verwandte(n)	*noun*	relative

UNDERSTANDING WORDS

This text contains some more words which are similar to English words. Once you know that this text is about music and a famous composer, you should be able to work out the meaning of:

die Orgel and **diktieren**.

A Here is an English summary of the German text. Unfortunately there are some mistakes in the summary. Copy the whole English summary and correct the mistakes.

> This person was the least famous member of a musical family. He died 300 years ago.
> He was born in Eisenach where his mother was a musician. His parents died when he was young and he therefore went to live with his younger brother.
> He married three times and altogether he had 22 children.
> He spent two years in Leipzig and died there.
> His music was always popular because it was "modern".
> He was the greatest pianist of his time. He composed church music but by the end of his life he was deaf.

EXAM TIP

In this activity, you have to correct a summary in English. When you have completed the summary, read it through to make sure it makes sense.

B Lies den Text noch einmal und deine verbesserte Übersetzung auf Englisch. Weißt du jetzt, wer das war?

A cat without a home

Lies diesen Artikel und beantworte die Fragen auf Deutsch.

BM-Aktion: Tiere suchen ein Zuhause

Kater „Tommes" ist ein liebes Tier. Weiß, mit schwarzen Abzeichen und einem kleinen Fleck auf der Nase, sieht er allerliebst aus. Aus familiären Gründen mußten ihn die Vorbesitzer abgeben. Nun sucht „Tommes", der seit dem 18. Oktober im Lenneper Tierheim lebt und dort als „selbstbewußt, aber lieb und schmusig" bezeichnet wird, ein neues Zuhause. Dort dürfte es wenig Probleme geben, denn der Kater ist stubenrein und er kennt auch große und kleine Hunde sowie andere Katzen. Wer ihm ein neues Zuhause geben möchte, kann sich mit dem Tierheim Lennep, Tel. 0 21 91/6 42 52 in Verbindung setzen.

1 Welche Farben hat der Kater? (2)
2 Was braucht der Kater? (1)
3 Wo wohnt er jetzt? (1)
4 Warum soll der Kater nur wenig Probleme im Haus geben? (1)
5 Wie versteht er sich mit großen Hunden? (1)
6 Wer soll das Tierheim in Lennep anrufen? (1)

Wortschatz

der Kater (–) *noun*
tom cat

stubenrein *adjective*
house trained

der Vorbesitzer (–)
noun previous owner

A day by the lake

Lies diesen Text und beantworte die Fragen auf Deutsch.

Ein Tag am Baggersee

Badespaß zum Nulltarif

In vielen Gegenden Deutschlands gibt es riesige künstliche Löcher voller Wasser: die Baggerseen. Jetzt gibt es im Sommer Badespaß zum Nulltarif.

„Sonne und Strand gehören einfach zu einem richtigen Sommer", finden Janine (15) und Jennifer (15). Die beiden Freundinnen wollen ihre Ferien einmal richtig genießen. Zusammen mit Janines Mutter und Großmutter sind sie fast hundert Kilometer zum Baggersee gefahren. „Es lohnt sich", findet Jennifer, die das erste Mal hier ist. Janine hat sie überredet mitzukommen. Die beiden Mädchen wollen lesen, Musik hören und Sonne tanken. „Manchmal lernt man auch neue Leute kennen", erzählt Janine, „das ist nicht so wie im Freibad. Dort gehen wir immer nur in größeren Gruppen hin."

Marco (17) und Benny (16) warten auf ihre Freunde. In der Zwischenzeit vertreiben sie sich die Zeit mit Fußball- und Kartenspielen. Wenn es in der Sonne zu heiß wird, gehen sie zur Abkühlung in den Baggersee. „Das Wasser ist viel kühler und erfrischender als im Freibad", findet Benny (16), „außerdem ist der Eintritt kostenlos." Im Sommer wenn es warm ist, kommen sie fast jeden Tag her. Sie wohnen ganz in der Nähe und fahren mit dem Bus nur fünf Minuten. „Meistens bleiben wir bis abends. Wenn die anderen Leute gegangen sind, grillen wir oder feiern Partys mit Freunden am Strand."

Sebastian (14) schnorchelt stundenlang im Wasser herum. Seine Mutter hat ihm ihren Surfanzug geliehen, damit er nicht friert. Fasziniert beobachtet er die Unterwasserwelt. „Heute sind zu viele Leute im Wasser. Der Boden ist aufgewühlt. Man kann kaum etwas erkennen", erklärt er. Mit seiner Familie kommt Sebastian vier- bis fünfmal im Monat an den See. Im Freibad ist es ihm zu langweilig. Da kann man nur schwimmen und rutschen. Außerdem gibt es auf dem Grund des Beckens nichts zu sehen.

„Hallo, hier ist Adler 3/12. Adler 3, kannst Du mich hören?" funkt Andrea (13), wenn jemand im Wasser in Not gerät. Andrea ist das Baywatch-Mädchen am Baggersee. Ausgerüstet mit Funkgerät, Fernglas und Erste-Hilfe-Tasche sitzt sie auf dem Hochstuhl und beobachtet das Treiben im Wasser. Eine halbe Stunde lang. Dann wird sie abgelöst. Vor einem Monat hat sie ihren Rettungsschwimmschein in Bronze gemacht. Heute ist ihr erster Einsatz. Andrea hat insgesamt dreimal Wachdienst.

Wortschatz		
genießen	*verb*	to enjoy
es lohnt sich	*verb*	it is worth it
in Not geraten	*verb*	to get into serious difficulties
überreden	*verb*	to persuade

UNDERSTANDING WORDS

- Here is another word which looks like an English word. What do you think **schnorchelt** means?
- Be careful with the word **grillen**. It does not simply mean 'to grill', it means 'to barbecue'. Learn it in preparation for your exam.
- Here are three good examples of long words which are in fact one or more words joined together. When you split these words into shorter words they become easy to understand.

Surfanzug splits into **Surf** + **Anzug** = surfsuit
Unterwasserwelt splits into **Unter** + **Wasser** + **Welt** = underwater world
Rettungsschwimmschein splits into **Rettung(s)** + **Schwimm** + **Schein** = lifesaving certificate.

1. Wer spielt Fußball am Baggersee?
2. Wer interessiert sich für Biologie?
3. Wer arbeitet am Baggersee?
4. Wer liest gern?
5. Wer hört gern Musik?
6. Wer schwimmt lieber im Baggersee als im Freibad?
7. Wer kommt mit der Familie an den See?
8. Wer fährt mit dem Bus zum Baggersee?
9. Wer sonnt sich gern?
10. Wer findet es im Freibad langweilig?

Free time

1. Was kann man hier machen? (3)
2. Warum kann man auch bei kühlem Wetter dieses Freibad benutzen? (1)

Hooked on soap operas

Lies diesen Text und beantworte die Fragen.

AUF DIESER SEITE DES SCHIRMS

Tanja ist 14. Das Mädchen lebt mit ihren Eltern und dem kleinen Bruder. Tanja geht zur Hauptschule. Drei Jahre hat sie noch vor sich. Dann möchte sie Altenpflegerin werden. Tanjas Hobbys sind Reiten und Schwimmen. Freitags geht sie zum Gitarrenunterricht. Das ist kein Fernsehstoff, sondern das wahre Leben. Doch Fernsehen spielt für Tanja eine große Rolle. Genauer gesagt: ,,Unter uns", die Serie, die jeden Abend pünktlich ins Wohnzimmer kommt. Tanja beschreibt, worum es in der Serie geht: ,,Die Leute in dem Haus haben ganz normale Alltagsprobleme, wie wir auch. Die sind alle total nett. Die Serie wirkt richtig echt. Den Schauspieler Bodo Franck finde ich am besten. Der spielt einen Sohn aus der Albrecht-Familie."
Tanja ist ein treuer Fan. Sie guckt die Serie manchmal zusammen mit ihren Freundinnen. Die Mädchen lachen dabei viel. Doch auch zu Hause sitzt Tanja oft vor dem Fernsehgerät.
Sie erzählt:
,,Wenn mal was Lustiges passiert, rufe ich meine Mutter. Die kommt dann ganz schnell aus der Küche. Sonst darf mich keiner bei ,,Unter uns" stören. Manchmal kommt mein kleiner Bruder und ärgert mich. Den schicke ich weg."
Tanja guckt jeden Tag, manchmal auch morgens vor der Schule. Wenn sie keine Zeit hat, nimmt sie die Folgen mit dem Videorecorder auf. Andere Serien sieht sie auch, aber nicht regelmäßig.
Seit einiger Zeit ist Tanja in einem Fan-Club von ,,Unter uns". Was macht ein organisierter Fan? ,,Wir fahren zum Studio und warten auf die Stars. Wenn sie rauskommen, reden wir mit ihnen und machen Fotos. Wir schenken den Schauspielern auch was zum Geburtstag. Jetzt planen wir ein gemeinsames Sommerfest."

EXAM TIP

Although this text may contain some unfamiliar words, you should be able to answer the questions. Using the words on the television screens to help you, together with your common sense, try to answer all the questions without using a dictionary. Remember, you will not have time to look up many words in your exam, so you should get used to answering questions without using a dictionary.

Schreib diese 16 Sätze ab und ergänze sie.

1 Tanja wohnt mit ihrer Mutter, ihrem .... und ihrem Bruder.

2 Sie ist ....

3 Sie muss noch .... Jahre auf der Schule ....

4 Tanja .... und .... gern.

5 Sie spielt auch ....

6 Tanja sieht sehr gern ....

7 Ihre Lieblingssendung ist ....

8 Sie sieht sich diese Sendung .... an.

9 „Unter uns" ist eine ....

10 Bodo Franck ist Tanjas Lieblings.............

11 Tanja sieht manchmal mit .... fern.

12 Tanjas .... interessiert sich auch für die Serie.

13 Tanja sieht manchmal fern, bevor sie in die Schule ....

14 Wenn Tanja sich eine Sendung nicht ansehen kann, nimmt sie sie mit dem .... auf.

15 Als Fan der Serie kann sie mit den Stars .... und .... von ihnen machen.

16 Wenn die Schauspieler .... haben, schenken ihnen die Fans etwas.

Hier sind die Wörter, die du brauchst.

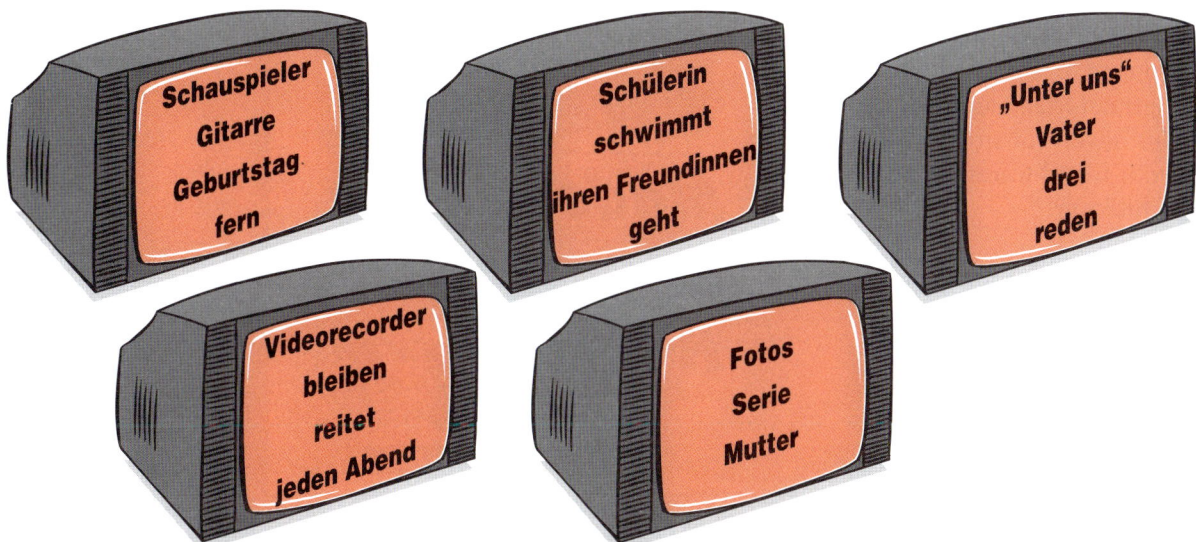

In town

You see this advert for a magazine in a shop window. If you bought this magazine what information would it give you?

SECTION B Now test yourself!

TIPS FOR EXAM SUCCESS

Remember with each item:
1 Read the questions first, not the text.
2 Deal with each question separately. Read the question, then look for the answer in the text. Then go on to the next question, and so on.
3 If questions are in English, answer in English. If questions are in German, answer in German.
4 When you have to answer questions in German, make sure your answers are as short as possible. You do not always need to answer in full sentences.
5 You do not need to understand every word of the text to answer the questions.

1

You are in town with your German friend and you see this advert for an exhibition. Your friend wants to visit the exhibition.

What is your friend's hobby? (1)

2

On the same notice board, you see this advert.

a) Who might be interested in this advert?
b) Why?

3

Later in the day, you decide to play some video games in town. You see this notice.

What does it tell you?

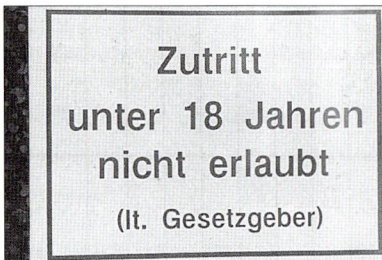

Exam questions

4

Ein Brief von einem Brieffreund:

> Magdeburg, den 21. Mai
>
> Hallo!
>
> Ich habe Deinen Namen von meinem Klassenlehrer bekommen. Ich heiße Max Fiedler und feiere im nächsten Monat meinen sechzehnten Geburtstag. Früher wohnten wir in einem großen Wohnblock in der Stadt, aber seit der Wende wohnen wir in einem schönen neuen Einfamilienhaus auf dem Lande.
>
> In meiner Freizeit besuche ich oft das Hallenbad, und einmal die Woche spiele ich im Schachklub. Ich lerne auch gerne Fremdsprachen. Im Unterricht lesen wir jetzt Agatha Christie im Originaltext. Letztes Jahr waren wir in Paris, wo ich die Chance hatte, meine zweite Fremdsprache zu üben.
>
> Schreib' bitte bald zurück!
> Dein
> Max

a) Schreib diese Tabelle ab und fülle sie aus. (5)

Name: Max	Alter: ....
Hobbys:	....
	....
Fremdsprachen:	....
	....

b) Sieh dir die Bilder an. Wo wohnt Max?
Schreib den Buchstaben von dem richtigen Bild. (1)

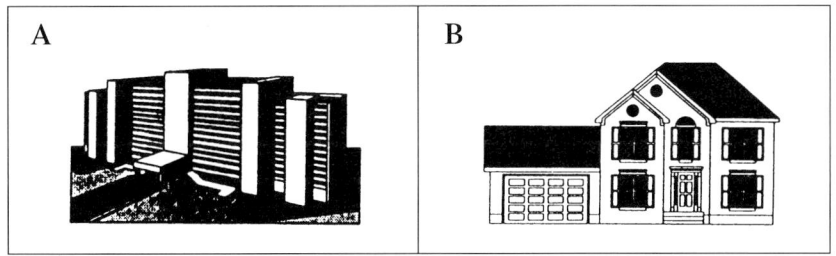

London Examinations, A division of Edexcel Foundation, Specimen Question, (Short Course) Reading, Foundation Tier

5

Lesen Sie den Text und schreiben Sie RICHTIG, FALSCH oder UNBEKANNT. In jeder Gruppe kann mehr als eine Aussage richtig sein.

Geschichten und gute Ratschläge für alle, die Tiere lieben

Lilo kann nicht mehr zu Hause bleiben, weil die Nachbarn keine Tier mögen. Die zweijährige Katze ist am liebsten im Garten.
Tel. 09872/6392

Maxi (15 Monate) ist ein Hund mit sehr großen Ohren. Er ist ein großer Kinderfreund, braucht aber viel Platz, und das Haus ist zu klein für ihn geworden.
Tel. 08273/5428

Johanna sucht ein neues Zuhause. Man hat sie in einer leeren Wohnung gefunden, nachdem ihre Besitzer ins Ausland gegangen sind. Sie ist scheu und braucht viel Liebe.
Tel. 06731/7693

a) i) Lilo bleibt gern im Haus. (1)
    ii) Lilo ist zwei Jahre alt. (1)
    iii) Lilo hilft gern im Garten. (1)
    iv) Lilo ist bei den Nachbarn beliebt. (1)

b) i) Maxi hat sehr große Augen. (1)
    ii) Maxi mag gern Kinder. (1)
    iii) Sein Besitzer findet das Haus nicht groß genug für so einen Hund. (1)
    iv) Maxi ist oft auf dem Marktplatz zu finden. (1)

c) i) Johanna hat ein neues Zuhause gefunden. (1)
    ii) Johanna hat Angst vor Menschen. (1)
    iii) Johanna war bei Leuten, die nicht mehr in diesem Land sind. (1)
    iv) Johanna möchte ein neues Zuhause finden. (1)

OCEA, Specimen Question Reading, Foundation Tier

6
Lies diesen Text und die Sätze unten. Schreib jeden Satz ab und fülle die Lücken aus.

Traum vom Computer

Thomas geht zwar gern in die Schule, doch am liebsten spielt er Fußball. 13 Jahre ist er alt und Fan von Borussia Dortmund. Wenn er in seinem engen Zimmer sitzt und Hausaufgaben macht, dreht er sich oft zum Borussia-Poster an der Wand um. Sein großes Vorbild ist der dänische Spieler Fleming Povlsen. Thomas sitzt nicht gern in seinem Zimmer. Es ist nur 5 Quadratmeter groß. „Hier fühle ich mich nicht wohl. Es gibt keinen Platz, um irgend etwas zu machen. Ein Gefühl, als wenn man irgendwo eingeklemmt ist." Abends liegt er stundenlang wach, hört Musik oder sieht fern. Der Fernseher ist für Thomas „das Beste im Zimmer". Gerne wäre er in das größere Zimmer seiner älteren Schwester gezogen. Doch da wohnt jetzt der Onkel. Seine Schwester wohnt mit ihrem Freund in der Wohnung des Onkels. „Eine neue Wohnung zu finden, ist schwer", weiß Thomas, „darum wohnt der Onkel jetzt bei uns."

Oft träumt Thomas von einem großen hellen Zimmer mit einem Computer und viel Spielzeug. „Mein Zimmer ist ja nur ein Schlafplatz." Viele Kinder in seinem Alter haben ein größeres Zimmer. Dort steht alles, was man sich denken kann. Thomas Eltern können sich solchen Luxus nicht leisten. Sie haben sieben Kinder, von denen noch sechs zu Hause sind.

Beispiel: Fußball ist Thomas ....

Fußball ist Thomas Lieblingssport.

a) Seine Lieblings............... ist Borussia Dortmund. (1)

b) Sein Lieblingsspieler kommt aus .... (1)

c) Sein Zimmer ist sehr .... (1)

d) Das Zimmer seiner Schwester war .... (1)

e) In diesem Zimmer wohnt jetzt sein .... (1)

f) Seine Schwester wohnt mit ihrem .... zusammen. (1)

g) Es ist nicht .... eine neue Wohnung zu finden. (1)

h) In seinem Zimmer, so meint Thomas, kann man nur .... (1)

i) Thomas hat .... Geschwister. (1)

Northern Examinations and Assessment Board, Specimen Question Reading, Foundation Tier

7
Rheinfahrt – Sonderangebote

Der KD-Sparkalender
Billig reisen!
* KD-Familientag. An jedem Sonn - und Feiertag fahren Kinder für nur DM 3,–.
* Montags halber Fahrpreis für alle Senioren ab 60.
* Jeden Tag halber Fahrpreis mit dem KD-Seniorenpaß. Für nur DM 30,–. Gilt für ein ganzes Jahr.
* Kinder-Ferienkarte für nur DM 3,–. Jeden Dienstag und Donnerstag im Juli und August.
* Freie Fahrt für Geburtstagskinder (Bitte Personalausweis mitbringen!)
* Familienessen für insgesamt nur DM 15,– für Vater, Mutter und Kind. An allen Wochenenden und Feiertagen.

Beispiel: Wie sind die Reisen? **Billig**

a) An welchem Tag gibt es ein Sonderangebot für alle alten Leute? (1)
b) Was müssen alte Leute haben, um jeden Tag billig fahren zu dürfen? (1)
c) Für wie lange können alte Leute das benutzen? (1)
d) Was kostet eine Fahrt, wenn du Geburtstag hast? (1)
e) Wie zeigt man, dass man Geburtstag hat? (1)
f) Was kostet DM15? (1)

Northern Examinations and Assessment Board, (Short Course) Reading, Foundation Tier

8
You need some money to go out with your friends. When you go to the bank, it is closed. What does this sign tell you to do?

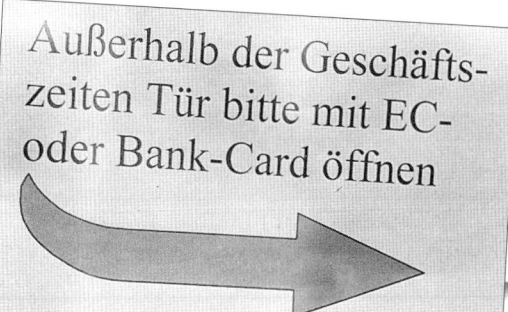

Außerhalb der Geschäftszeiten Tür bitte mit EC- oder Bank-Card öffnen

SECTION C

Shopping

A Sieh dir die Fotos und die Bilder unten an. Welches Foto passt zu welchem Bild? Schreib die Nummer des Fotos und den Buchstaben von jedem Bild, das dazu passt. Vorsicht! Manchmal passt mehr als ein Bild zu einem Foto.

EXAM TIP

In questions where you have to match things, there will normally be an uneven number of things to match. In this question, for example, there are seven photos and 14 pictures. Although some of the photos will match more than one picture, you will still have at least one picture which does not match a photo.

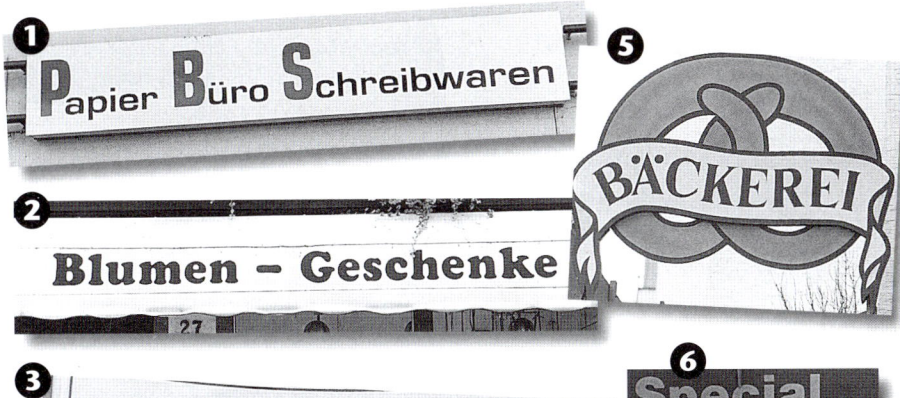

 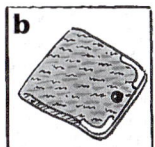   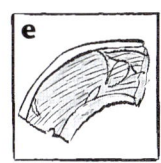  

B Beantworte die Fragen auf Deutsch.

1. **Foto 1**
   Was kann man hier kaufen? (1)

2. **Foto 3**
   Was kann man hier kaufen? (1)

3. **Foto 4**
   Was kann man hier kaufen? (1)

4. **Foto 5**
   Was kann man hier kaufen? (1)

5. **Foto 7**
   Was kann man hier kaufen? (1)

Meeting places

Lies diese Texte und beantworte die Fragen auf Seite 45.

Die Platzhalter

Zu Hause ist es ihnen zu öde, in den Vereinen ist auch nicht jeden Tag etwas los. Wenn sie nicht versauern wollen, bleibt Jugendlichen nur eine Möglichkeit: raus auf die Plätze.

A Rathausplatz in Kissing

„Die Straßenkinder von Kissing" nennen sie sich selbst scherzhaft: Melanie, Nadine, Sabrina, Bianca und Christoph, alle zwischen 15 und 22 Jahre alt. Straßenkinder deshalb, weil es ihnen zu Hause zu langweilig ist und sie ständig draußen sind. Wenn sie aus der Schule oder von der Arbeit kommen, zieht es sie zum Rathausplatz, dem traditionellen Treffpunkt für die Jugendlichen des Dorfes. Jeden Tag sind sie hier. Einen besonderen Anlass brauchen sie dazu nicht. Einfach nur Freunde sehen, herumsitzen, quatschen, rauchen, manchmal bis spät in die Nacht rein, das genügt. Und wenn es da zu langweilig ist, fährt man auch mal gemeinsam in eine Disko.

B Ostrand von Hofhegnenberg

Der Platz mit den Parkbänken und einer Feuerstelle am Rand des bayerischen Bauerndorfs Hofhegnenberg ist der Treffpunkt von Jochen, Franz, Norbert, Dieter, Birgit, Regina, Franz, Arno, Stefan und Martina, alle zwischen 17 und 20. Die meisten von ihnen arbeiten bereits, meist als Automechaniker. So trifft sich die Clique unter der Woche immer erst abends und am Sonntagnachmittag. Seit 1990 fahren sie an diesen Ort. Was sie hier machen: Über alles mögliche reden, gerne über Autos. Und manchmal spielen sie auch Fußball (zusammen mit den Mädchen) oder grillen. Das führt immer wieder zu Problemen mit einem Bauern, der sich über die Lautstärke beklagt. Trotzdem wollen sie sich auch weiterhin hier treffen.

C Pizzaservice in St. Afra

Philipp, Claudia, Alex, Christian, Julia, Roman, Andrea, Robert und Uli wohnen in St. Afra, einer kleinen Siedlung auf dem bayerischen Land. „Alle müssen hier vorbei", sagen sie zu ihrem Treffpunkt beim Pizzaservice am Zigarettenautomaten. Fast alle gehen sie auf die Haupt- oder Berufsschule. Und so trifft man sich jeden Tag nach dem Unterricht. Meist verbringen sie den ganzen Nachmittag hier mit fast immer den gleichen Leuten. Sie reden „über alles mögliche", essen manchmal auch tatsächlich eine Pizza auf dem Platz. Bei schönem Wetter fahren sie zum Baden an einen nahegelegenen See. „Sonst gibt es hier keine anderen Treffpunkte", sagen sie. Früher haben sie mal vor der Kirche herumgestanden. Dort sind sie aber vertrieben worden, nachdem eine Messnerin immer „Stunk" gemacht hat. Seit zwei, drei Jahren treffen sie sich nun vor dem Pizzaservice. Aber auch hier gibt es immer wieder Ärger mit Anwohnern, die sich wegen der Lautstärke oder des Mülls aufregen.

Wortschatz

der Anlass(¨e)	noun	reason
der Anwohner(–)	noun	resident
der Ärger	noun	trouble
sich aufregen	verb	to get worked up
sich beklagen	verb	to complain
die Lautstärke	noun	loudness, volume of noise
der Müll	noun	rubbish
reden	verb	to talk
die Siedlung(en)	noun	settlement, (housing) estate
vertreiben	verb	to drive away

A Lies die Fragen und die Antworten unten. Welche Frage passt zu welcher Antwort? Schreib die Nummer von jeder Frage und den Buchstaben von der passenden Antwort.

Die Fragen
Text A
1 Warum sind die Straßenkinder gern draußen?
2 Wo ist der traditionelle Treffpunkt für die Jugendlichen von Kissing?
3 Wie oft in der Woche kommen die Jugendlichen zum Treffpunkt?
4 Was machen sie dort?
5 Wie lange bleiben sie dort?

Text B
6 Wo treffen sich Jochen und seine Freunde?
7 Was sind sie meistens von Beruf?
8 Wann treffen sie sich am Wochenende?
9 Was spielen sie?

Text C
10 Wo treffen sich genau Philipp und seine Freunde?
11 Wann treffen sie sich dort?
12 Was machen sie, wenn das Wetter schön ist?
13 Warum treffen sie sich nicht mehr vor der Kirche?
14 Worüber beklagen sich die Leute, die in der Nähe des Treffpunkts wohnen?

Die Antworten
a) Automechaniker.
b) Sie baden in einem See.
c) Täglich.
d) Die Lautstärke.
e) Am Sonntagnachmittag.
f) Zu Hause ist es ihnen zu langweilig.
g) Sie spielen Tennis.
h) Manchmal bis spät in die Nacht.
i) Eine Messnerin hat sich beklagt.
j) Am Rathausplatz.
k) Fußball.
l) Jeden Tag nach der Schule.
m) Vor der Kirche.
n) Am Rande des Dorfs am Platz mit den Parkbänken.
o) Am Zigarettenautomaten beim Pizzaservice.
p) Sie sitzen herum und reden.

B Schreib die Sätze ab und ergänze sie.

Text A
1 Die Straßenkinder sind ständig draußen, weil es ihnen zu Hause nicht .... ist.
2 Die Straßenkinder kommen zum Rathausplatz, um Freunde zu ....

Text B
3 Jungen und .... spielen zusammen Fußball.
4 Der Bauer hat die Jugendlichen nicht gern, weil sie zu .... sind.

Text C
5 Philipp und seine Freunde wohnen auf dem ....
6 Sie sind fast alle ....
7 Wenn das Wetter .... ist, gehen sie schwimmen.
8 Ihr erster Treffpunkt war vor der ....

In diesem Rätsel findest du die Wörter, die du brauchst.

I	C	D	I	M	S	C	H	Ö	N	L	A
B	N	P	A	N	C	I	S	T	E	M	T
D	F	T	H	S	H	L	A	U	T	W	K
F	H	I	E	O	Ü	G	J	H	V	X	I
A	B	G	J	R	L	L	C	M	E	A	R
W	L	A	N	D	E	U	A	O	S	D	C
K	T	S	R	K	R	S	E	H	E	N	H
P	V	U	I	P	B	Q	S	S	X	F	E
R	Y	Q	C	U	M	K	N	A	B	W	P
O	N	K	M	Ä	D	C	H	E	N	K	X
T	G	O	F	Z	H	D	N	A	O	T	J
S	D	V	L	T	I	A	A	R	I	H	G

A good idea for a present

You are looking for a Christmas present for your friend.

1. Why might you want to shop here?
2. What could you buy your friend?

A special Christmas tree

Lies diesen Artikel und beantworte die Fragen.

Frohes Fest! **Jetzt kommt der sprechende Weihnachtsbaum**

In den Supermärkten stapeln sich Christstollen, Lebkuchen und Schokoladen-Nikoläuse, in den Kaufhäusern werden Christbaumkugeln, Kerzen und Adventsdekorationen in den Regalen dekoriert – der Countdown bis zum Weihnachtsfest läuft: Noch 59 Tage bis zum Fest der Liebe.

Doch ob es in Deutschlands Wohnstuben in der vorweihnachtlichen Zeit ruhig und besinnlich zugeht, ist dieses Jahr zu bezweifeln. Grund: ein kleiner, grüner Störenfried mit dem niedlichen Namen „Douglas Fir", der innerhalb weniger Tage zum Verkaufsschlager geworden ist. „Douglas Fir" (Fir = engl. für Tanne) ist der erste sprechende und singende Weihnachtsbaum der Welt. Amerikaner haben die 50 Zentimeter hohe Plastiktanne mit dem ungewöhnlichen Innenleben entwickelt.

„Doug" ist batteriebetrieben, mit Bewegungs- und Geräuschsensoren ausgestattet. Geht man an dem Tännchen vorbei oder gibt einen Laut von sich, schlägt „Doug" seine grünen, beleuchteten Augen auf, bewegt die roten Lippen, und ein Chip spielt die erste Strophe von „Jingle Bells". Anschließend wünscht der augenblinkende „Doug" noch artig „frohe Weihnachten und ein gutes neues Jahr".

Wer den singenden „Douglas Fir" (59 DM) erwerben möchte, muß sich beeilen: Bei Karstadt in Hamburg ist er jetzt schon ausverkauft, die Vorbestellungsliste lang. Andere Kaufhäuser beginnen morgen mit dem Verkauf.

Wortschatz

aufschlagen verb
to open

sich beeilen verb
to hurry

bezweifeln verb
to be in doubt

der Friede noun
peace

der Laut(e) noun
sound

der Verkaufsschlager noun bestseller

stören verb
to disturb

die Tanne(n) noun
fir tree

WEIHNACHTEN IN DEUTSCHLAND

Lebkuchen	Kekse, die man zu Weihnachten isst.
Christbaumkugeln	Bunte Kugeln, normalerweise aus Glas, die man an den Weihnachtsbaum hängt.
Christstollen	Ein Kuchen, den man zu Weihnachten isst.

UNDERSTANDING WORDS

- There are several words in this article which look like English words:
  Schokoladen   Adventsdekorationen   dekoriert
- You should also be able to work out the meaning of the following words:
  ausverkauft   vorweihnachtlich   Vorbestellungsliste   batteriebetrieben
  Can you split them into smaller words?
  Are they connected with words you already know?
  e.g. **verkaufen   Weihnachten   bestellen**.

A Schreib den Buchstaben von der richtigen Antwort.

1. Wann ist das Weihnachtsfest?
   - a) im April
   - b) im März
   - c) im Januar
   - d) im Dezember
2. Was isst man oft zu Weihnachten?
   - a) Kerzen
   - b) Lebkuchen
   - c) Tannen
   - d) Eier
3. Wie viele Tage gibt es dem Artikel nach, noch zum Weihnachtsfest?
   - a) neunundfünfzig
   - b) fünfundneunzig
   - c) fünfzig
   - d) neunzig
4. Was kaufen dieses Jahr zum ersten Mal viele Deutsche zum Weihnachtsfest?
   - a) Lebkuchen
   - b) einen singenden Weihnachtsbaum
   - c) Kerzen
   - d) Dekorationen
5. Was kann der neue Weihnachtsbaum machen?
   - a) singen
   - b) essen
   - c) trinken
   - d) laufen
6. Woher kommt der Weihnachtsbaum?
   - a) aus Deutschland
   - b) aus Großbritannien
   - c) aus den USA
   - d) aus Österreich
7. Was macht der Baum zuerst, wenn man an ihm vorbeigeht?
   - a) Er spricht.
   - b) Er macht die Augen auf.
   - c) Er singt.
   - d) Er spielt ein Weihnachtslied.
8. Warum muss man schnell einen solchen Baum kaufen?
   - a) Sie sind sehr billig.
   - b) Sie halten nicht lange auf.
   - c) Es ist schwer, Batterien für sie zu finden.
   - d) Sie sind in einigen Kaufhäusern schon ausverkauft.

B Write a short advert in English to tell customers what "Douglas Fir" can do.

A family Christmas

Die Freude aufs Weihnachtsfest

Man mag es ja heutzutage kaum noch sagen: Aber ich habe mich wirklich über Weihnachten gefreut. Die ganze Familie war guter Laune. Alle drei Tage verliefen harmonisch, ohne daß das Gefühl aufkam, irgend jemand müßte sich zu irgend etwas zwingen. Wir haben zum ersten Mal nach langen Jahren wieder zusammen Weihnachtslieder gesungen, und der Fernseher blieb aus. Die Kinder beteiligten sich freiwillig an der Arbeit in der Küche. Niemand hat sich überfuttert. Im Prinzip ist also alles nur „ganz normal" verlaufen. Normal? Hoffentlich wird es im nächsten Jahr wieder so!

Carola D., Botrop

EXAM TIP

The questions on this text are in English. You must therefore answer in English. Remember to give as much detail as the question requires. Look at the number in brackets after each question to see how many marks you must score on that question.

1. How did Carola enjoy Christmas this year? (1)
2. In what sort of mood was her family over the Christmas period? (1)
3. What did her family do together which they had not done for some time? (1)
4. What do they normally do at Christmas? (1)
5. What did the children do to help? (1)
6. Why do you think Carola wrote this letter? (2)

New Year celebrations

Lies diese Texte und beantworte die Fragen.

EUROPA-PARTY

Möchtest Du mal Silvester feiern wie unsere europäischen Nachbarn? Willst Du, statt Raketen in den Himmel zu jagen, trommelnd durch die Straßen ziehen oder mit Trauben im Mund küssen?

❶ Italien

Wo auch immer man den Start ins neue Jahr feiert: Ein Linseneintopf wird ganz bestimmt serviert. Je mehr Linsen man um Mitternacht schafft, umso reicher sollen die Münzen im neuen Jahr in der Börse klingen. Jede Linse bedeutet eine Münze – klar, daß alle Italiener Lire-Millionäre werden wollen.

❷ Frankreich

In diesem Land läuft Silvester ähnlich ab wie bei uns: Auf einer Party wird ins neue Jahr reingefeiert. Mit Feuerwerk um Mitternacht, viel Lärm und noch mehr Küßchen. Angestoßen wird selbstverständlich mit Sekt. Ein Gläschen ist Silvester auch für Jugendliche erlaubt, ansonsten wird er mit viel Orangensaft verdünnt.

❸ Spanien

In manchen Regionen Spaniens wird das Küssen beim Jahreswechsel zum Problem. Punkt zwölf Uhr muß nämlich jeder Partyteilnehmer bei jedem Glockenschlag eine riesige Weintraube essen. Klingt gar nicht so schlimm, aber wer es mal ausprobiert hat, weiß, wie man mit Hamsterbacken Neujahrsküßchen verteilt.

❹ Deutschland

Jeder weiß es: ob Schnee, Regen oder – wie in diesem Jahr – eine Vollmondnacht: Das neue Jahr wird im Freien mit einem Feuerwerk begrüßt. Natürlich schlemmt man in unseren jetzt 16 Bundesländern ganz unterschiedlich. Unser Party-Tip „überregional": Kartoffelsalat mit Würstchen.

❺ Ungarn

Ab fünf Uhr nachmittags ziehen die Jugendlichen mit Trommeln durch die Straßen in Richtung Disco oder Tanzlokal. Dort wird bei Live-Musik getanzt, bis um Mitternacht der Wirt mit einem lebenden Ferkel erscheint. Dann darf jeder am Kringelschwänzchen des quiekenden Schweinchens ziehen – denn das soll Glück fürs neue Jahr bringen. Selbstverständlich gibt's auch Spezialitäten vom Schwein (natürlich nicht vom lebenden!) zu essen. Die Jugendlichen stärken sich meist mit kaltem Braten auf Baguette-Semmeln.

❻ Dänemark

In kleineren Orten – wo jeder jeden kennt – verkleiden sich junge Leute bis zur Unkenntlichkeit und besuchen Freunde und Nachbarn. Die müssen herausfinden wer sich unter der Maskierung verbirgt. Solange ihnen das nicht gelingt, dürfen die Verkleideten schlemmen und trinken. Dazu gehört unbedingt eine Köstlichkeit: karamelisierte Kartoffeln. Dafür werden Butter und Zucker in einem Pfännchen aufgelöst bis der Zucker total geschmolzen ist. In diese Masse taucht man noch heiße, kurz zuvorgepellte kleine Kartoffeln.

❼ Türkei

Gefeiert wird Silvester meistens privat. Wer zur Party eingeladen ist, bringt eine kleine, hübsch verpackte Überraschung mit, auf die eine Nummer geschrieben wird. Die gleiche Nummer wird auf ein Los geschrieben. Wenn alle Glocken um Mitternacht läuten, zieht jeder ein Los und das Surprisepäckchen mit der gleichen Zahl gehört ihm. Weil Tanzen hungrig macht, gibt's zwischendurch gebratene Truthahn- oder Hähnchenschenkel, die herzhaft mit Peperoni und Knoblauch gewürzt werden.

Wortschatz		
das Ferkel(–)	noun	piglet
der Lärm	noun	noise
die Linse	noun	lentil
die Köstlichkeit(en)	noun	delicacy
das Küssen	noun	kissing
die Glocke(n)	noun	bell
die Münze(n)	noun	coin
der Schwanz(¨e)	noun	tail
der Sekt	noun	a sort of champagne
der Truthahn(¨e)	noun	turkey
verbergen	verb	to hide
sich verkleiden	verb	to dress up

UNDERSTANDING WORDS

The title tells you that the texts are about New Year's Eve celebrations. You should therefore be able to work out the meaning of these two words which look like English words:

Mitternacht   Feuerwerk

When nouns end in **-chen**, it means the thing is small, e.g. **Schwänzchen** which comes from **der Schwanz** and means 'small tail'.
What is the meaning of **Gläschen** and **Küsschen**?

A Welcher Text passt zu welchem Bild? Schreib die Nummer des Texts mit dem Buchstaben des passenden Bilds (der passenden Bilder).

B Welches Land ist es?

1 Wo isst man Schweinefleisch zum Silvesterfest?
2 Wo begrüßt man das neue Jahr mit Feuerwerk?
3 Wo beginnt man schon um 17 Uhr zu feiern?
4 Wo verkleidet man sich?
5 Wo hofft man, reich zu werden?
6 Wo küsst man mit Trauben im Mund?
7 Wo empfiehlt man zum Essen Kartoffelsalat mit Würstchen?
8 Wo trinkt man Champagner?
9 Wo isst man karamelisierte Kartoffeln?
10 Wo geht man tanzen?

C Beschreibe jetzt, was **du** zum Silvesterfest machst.

At the station

A Sieh dir diese Fotos an und lies die Sätze unten. Welches Schild passt zu welchem Satz? Für jeden Satz schreib den Buchstaben des richtigen Schilds ab.

1 Du hast Kopfschmerzen.
2 Du möchtest wissen, wann ein Zug nach Bonn fährt.
3 Du möchtest in die Stadt gehen.
4 Dein Zug fährt gleich ab.
5 Du verbringst zwei Stunden in der Stadt aber du hast zu viele Koffer mitzunehmen.

B Beantworte diese Fragen auf Deutsch.

1 Wann braucht man einen Kofferkuli?
2 Was muss man machen, wenn man einen Kofferkuli braucht?

Saving money

Read this information, copy and complete the English sentences below.

Die BahnCard Vorteile.

Bahnfahren zum halben Preis.
Vom Taschengeld gekauft oder geschenkt bekommen: Mit der BahnCard kommen Teens (12 bis 17 Jahre) und Kinder (4 bis 11 Jahre) supergünstig weg. So zahlen Teens nur 50% und Kinder nur 25% des normalen Fahrpreises.

Ein ganzes Jahr.
Die BahnCard kann man bis zu 3 Monate im voraus bestellen. Sie gilt ein Jahr lang. An allen Tagen. Rund um die Uhr.

Überall in Deutschland:
Mit fast allen Zügen der Deutschen Bahn in ganz Deutschland lassen sich die BahnCard Vorteile einfahren. Außerdem auf den meisten Linien der regionalen DB-Omnibus-verkehrsgesellschaften und in vielen Nichtbundeseigenen Eisenbahnen. Wer sein Fahrrad im Zug mitnehmen möchte, erhält die Fahrradkarte im Fernverkehr (Inland) um 25% ermäßigt, d.h. für DM 9,- anstatt DM 12, –.

BahnCard Teen & BahnCard Kind.
Die BahnCard für Teens (12 bis 17 Jahre) gibt es schon für sensationelle DM 60,– (2. Klasse) oder DM 120,– (1. Klasse). Die BahnCard Kind (4 bis 11 Jahre) kostet dasselbe – spart aber noch mehr. Weil sie den ohnehin günstigen Kindertarif nochmals halbiert. So zahlen Kinder letztlich nur 25% des normalen Fahrpreises.

Unverwechselbar persönlich.
Um Mißbrauch auszuschließen, ist die BahnCard auf den Inhaber ausgestellt, nicht übertragbar und erst unterschrieben gültig. Das Foto macht Sie unverwechselbar. Niemand muß sich zusätzlich ausweisen.

Der BahnCard Effekt.

Der Reise-Spaß.
Auf Ferienfahrt, zu Freunden oder Großeltern oder zur Rave-Sensation – es gibt viele Anlässe für BahnCard Trips. Wer sich für die Deutsche Bahn entscheidet, hat mehr vom Reisen. Statt Straßenrisiken – Sicherheit an Bord. Statt Langeweile – Abwechslung im Bord Restaurant oder Bistro.

1 Teenagers can buy a BahnCard with their …………
2 Children pay 25% of the ………… …………
3 You can buy the card three ………… ………… …………
4 It is valid for one …………
5 You can use it on ………… day of the week.
6 You can use it at any …………
7 You can use the card on trains and on most …………
8 You can buy another card to take your ………… on the train.
9 A card for a 16 year old costs ………… for use in second class.
10 You must ………… the card to make it valid.
11 You must attach a ………… to the card.
12 You can use the card to visit ………… or ………… or to go to a …………
13 It is ………… to travel by train than by car.
14 To prevent boredom during the journey, you can go to the ………… or ………… on the train.

A good excuse

You see this cartoon in a German magazine. The boy hasn't been to school today. What excuse does he give his mother?

"Ich konnte bei dem Nebel die Schule nicht finden!"

Problems with the weather

You receive a letter from your pen friend, Claudia. She writes about terrible weather they have had in Germany.

Holzhausen, den 1.3.1996

Hallo!

Mir geht es gut. Und Dir? War es bei Euch in Scotland auch so schlimm mit dem Gewitter? Ich konnte heute nacht kaum schlafen, da ich immer Angst hatte, mein Fenster breche aus den Angeln. Es hat so gekracht. Mitten in der Nacht fiel der Strom aus und ich mußte mich im Dunkeln bis zu einer Taschenlampe tasten. Am Morgen kam die Nachricht im Radio, daß alle Kinder in Bayern schulfrei hätten.

A Answer these questions in English.

1. What was Claudia afraid might happen during the storm?
2. What happened in the middle of the night?
3. What did she hear on the radio?

B Und jetzt beantworte diese Fragen auf Deutsch.

1. Warum konnte Claudia während der Nacht nicht schlafen?
2. Warum hatte sie Angst?
3. Warum brauchte Claudia eine Taschenlampe während der Nacht?
4. Warum war sie vielleicht am nächsten Tag glücklich?

A difficult journey to school

Your German pen friend has sent you a magazine to read.

Alexander is a boy from Berlin who is physically disabled. He writes about some of the unpleasant things that sometimes happen to him on the way to school.

Ich fahre mit der U-Bahn zur Schule. Ich gehe den Weg zur U-Bahnstation meistens allein, weil meine Mitschüler so schnell laufen, daß ich nicht mithalten kann. Auf dem Bahnsteig steht eine Mutter mit ihrer kleinen Tochter. „Guck mal, Mami! Warum läuft der da so komisch?" fragt das Mädchen.

Beim Aussteigen werde ich geschoben und gestoßen. „Nicht so langsam, andere wollen auch noch aussteigen", ruft jemand.

A 1 What unpleasant things happen to Alexander on the way to school? Write **three** things.

The last part of his journey is by bus. He describes an occasion when he sat on the seat reserved for disabled people.

Vom Bahnhof muß ich noch ein paar Stationen mit dem Bus fahren. Ich habe Glück und finde Platz auf der Bank vorne beim Fahrer, die für Behinderte reserviert ist. Eine ältere Frau steigt ein und kommt direkt auf meinen Platz zu. Sie sagt: „Geh mal weg da! Du siehst doch, daß ich mich setzen will."

„Das ist ein Platz für Schwerbeschädigte", sagt mir eine zweite Frau. „Steh auf, und laß die Dame sitzen!"

Dann sagt der Busfahrer: „So etwas Unverschämtes habe ich schon lange nicht mehr gesehen! Kannst du denn nicht lesen?" Nun habe ich aber genug. Ich halte meinen Ausweis hoch und rufe laut: „Das hier ist mein Behindertenausweis. Ich darf hier sitzen." Auf einmal wird es ganz still im Bus.

2 What did the following people say to him?
   a) the elderly woman
   b) the second woman
   c) the bus driver

3 How did Alexander deal with the situation? Write **two** things.

B Für jeden Satz schreib R für richtig, F für falsch und NI wenn es keine Information gibt.

   1 Alexander wohnt nicht in der Nähe von der Schule.
   2 Er geht mit seinen Mitschülern zur U-Bahnstation.
   3 Er kann nur langsam laufen.
   4 Das kleine Mädchen ist traurig.
   5 Alexander kann nur langsam aussteigen.
   6 Einige Leute wollen schnell aussteigen.
   7 Im Bus kann Alexander keinen Platz finden.
   8 Die ältere Frau möchte sich auf denselben Platz wie Alexander setzen.
   9 Der Bus ist immer sehr voll.
   10 Der Busfahrer meint, dass Alexander nicht lesen kann.

Wortschatz

aussteigen *verb*
to get out

der Ausweis(e) *noun*
card, pass

die Bank(¨e) *noun*
bench, seat

behindert *adjective*
disabled

geschoben *ptp* of **schieben** *verb*
to push, shove

gestoßen *ptp* of **stoßen** *verb*
to push

schwerbeschädigt *adjective* severely disabled

unverschämt *adjective*
outrageous

Shopping problems

Lies diesen Brief und die Sätze unten. Schreib die Sätze in der richtigen Ordnung ab.

Falscher Kassenzettel in der Einkaufstüte

Ich wollte mir mal wieder etwas Gutes tun und erstand im Kaufhaus eine neue Bluse. Begeistert führte ich sie zu Hause meinem Mann vor. Ihm gefiel sie auch, aber er entdeckte einen Materialfehler auf dem Rückenteil. Ich ärgerte mich fürchterlich und ging am nächsten Tag gleich wieder in das Kaufhaus. Ich wollte die Bluse umtauschen oder meine 140 Mark zurück. Zum Glück hatte ich den Kassenzettel aufgehoben. Als ich der Verkäuferin den Materialfehler zeigte, stimmte sie gleich einem Umtausch zu. Doch als ich ihr den Kassenzettel gab, meinte sie, daß es nicht der für die Bluse sei. Tatsächlich, auf dem Zettel stand ein anderer Betrag. Ich mußte den falschen Kassenzettel in die Tüte gelegt bekommen haben. Wahrscheinlich den von der Kundin vor mir. Ich konnte meine Bluse also nicht umtauschen. Seitdem überprüfe ich jeden Kassenzettel sofort.

Miriam Fuchs, Würzburg

EXAM TIP

When you have copied the sentences in the right order, read through all the sentences to make sure that the order now makes sense.

1 Frau Fuchs ging wieder zu dem Geschäft, wo sie die Bluse gekauft hat.
2 Leider war es nicht der richtige Zettel.
3 Sie zeigte ihrem Mann die Bluse.
4 Frau Fuchs war sehr zornig.
5 Sie wollte eine neue Bluse haben oder sie wollte ihr Geld zurück.
6 Sie suchte sich eine schöne Bluse aus.
7 Sie musste der Verkäuferin ihren Kassenzettel zeigen.
8 Die Bluse kostete DM140.
9 Etwas war mit der Bluse los.
10 Sie ging nach Hause.
11 Frau Fuchs konnte die Bluse nicht umtauschen.
12 Frau Fuchs ging einkaufen.

In town

You go shopping in town and see this sign.

1 What do you have to pay DM1 for?
2 How do you get your DM1 back?

Sehr verehrter Kunde,
gegen Einsatz eines Pfandes von DM 1,– erhalten Sie einen Einkaufswagen. Das Pfand bekommen Sie automatisch zurück, wenn Sie den Wagen wieder ankoppeln.

Frying eggs on your car bonnet!

Lies diesen Text und beantworte die Fragen.

DER AUFWECKER

Käfig Auto

Heute beginnt das heißeste Wochenende des Jahres: 30, 32, 34 Grad. Schweißtreiben ist angesagt, Kühlung wird gesucht, ein kaltes Badewasser herbeigesehnt, dem Schatten wird ständig nachgelaufen. In dieser Glut läßt sich das Spiegelei glatt auf der Motorhaube des Autos brutzeln.

Toll ist das nicht. Vor allem, wenn im Wagen Tiere mitgenommen werden. Ähnlich ergeht es Kindern: Autofahren ist sowieso fad, und zusammen mit der Hitze ergibt das einen unerquicklichen Cocktail.

Zum Reisen sollte sich die Familie Zeit nehmen. Lieber in der Dämmerung abfahren und in der Nacht ankommen, als in der Sonnenglut braten.

Es zahlt sich auch aus, die Fahrt öfter zu unterbrechen. Kind und Hund sollen einige Minuten nach Herzenslust auf freier Wiese toben können. Der Fahrer ruht einstweilen an einem schattigen Plätzchen. Nicht Kilometerfressen, gut und gesund ankommen ist die Devise.

Wortschatz

ähnlich *adjective* similar
die Dämmerung *noun* dusk
fad *adjective* boring
die Hitze *noun* heat
die Motorhaube *noun* bonnet (of car)
der Schatten *noun* shade
der Schweiß *noun* sweat
das Spiegelei(er) *noun* fried egg
toben *verb* to charge about
unterbrechen *verb* to interrupt

Schreib die Sätze ab und ergänze sie. Sieh dir die Wörter in der Sonne rechts an. Diese Wörter helfen dir.

1 Am Wochenende soll es .... 30 Grad sein.
2 Man soll .... gehen.
3 Man soll im .... sitzen.
4 Im Auto wird es sehr .... sein.
5 Es ist .... , wenn Tiere bei dieser Hitze im Auto sitzen.
6 Kinder .... sich schnell, wenn es unterwegs so heiß ist.
7 Man soll nicht während des .... fahren.
8 Man soll während der Reise oft .... machen.
9 Kinder sollen einige Minuten draußen ....
10 Der Fahrer soll sich im Schatten ....

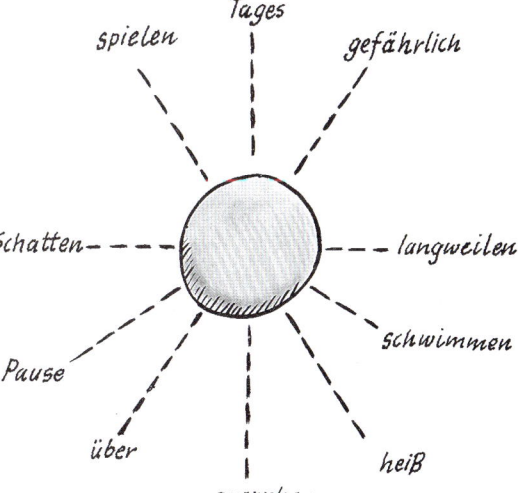

spielen, Tages, gefährlich, Schatten, langweilen, Pause, schwimmen, über, ausruhen, heiß

A skilled driver!

Lies diesen Artikel und beantworte die Fragen auf Deutsch.

1 Warum möchte Egon nicht nach England fahren?
2 Wo hat er versucht, links zu fahren?
3 Warum hat er es dort schwierig gefunden, links zu fahren?

■ Ausprobiert

„Sag mal, Egon, wolltest du nicht dieses Jahr Urlaub in England machen?" – „Daraus ist nichts geworden. Dieser Linksverkehr! Ich hab' das hier mal zwischen Buxtehude und Bremerhaven ausprobiert – nichts für mich!"

Hans-Otto Neuhaus
Hagen

Print your own T-shirt

Lies die Texte rechts und sieh dir die Bilder unten an. Welches Bild passt zu welchem Text? Schreib die Nummer von jedem Text mit dem Buchstaben des passenden Bilds.

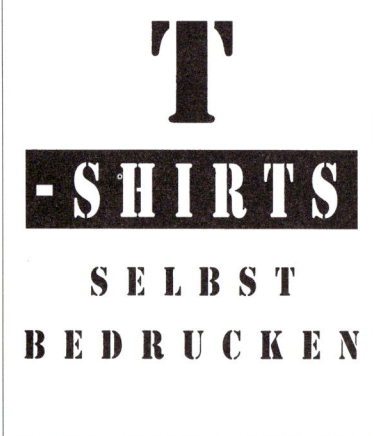
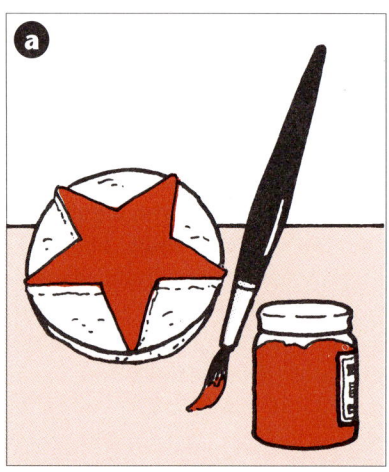
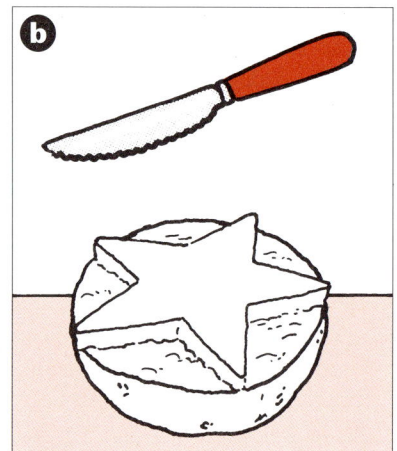
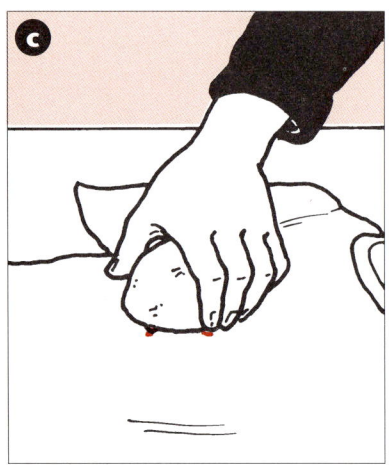

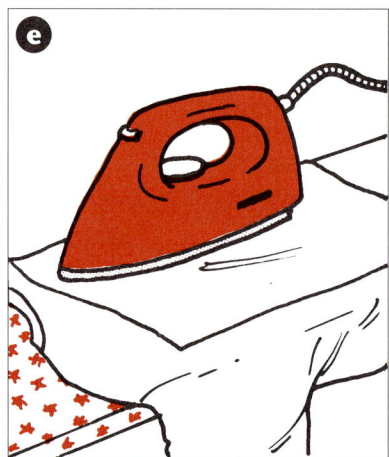
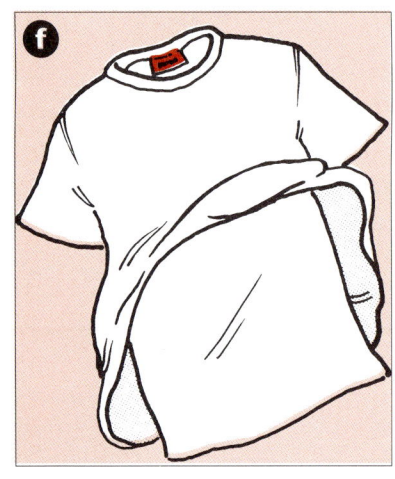
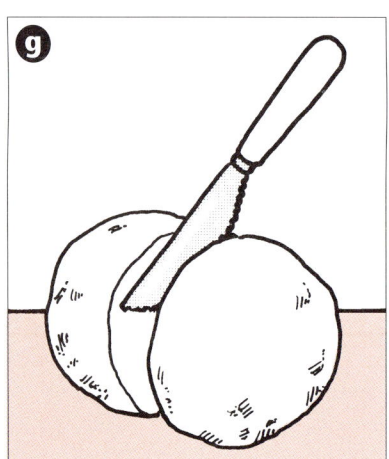

T-SHIRTS
SELBST BEDRUCKEN

1. Eine runde Kartoffel nehmen und in der Mitte durchschneiden.
2. Mit einem Filzstift ein Symbol auf die Kartoffel zeichnen.
3. Was gedruckt werden soll, ist hoch.
4. Papier in das T-Shirt legen, damit die Färbe nicht das ganze Hemd färbt. Am besten nimmt man Papier, das saugt: Seidenpapier, Löschpapier oder Zeitungspapier.
5. Stempel mit Textilfarbe anmalen.
6. Drucken – wie es Euch gefällt.
7. Ein Stück Papier auf das T-Shirt legen, dann bügeln. Man kann auch die Rückseite bügeln. Dann hält die Farbe länger.
8. T-Shirt trocknen lassen.

In town

Welches Foto passt zu welchem Bild? Schreib die Nummer des Fotos mit dem Buchstaben des passenden Bilds.

1
2
3

a
b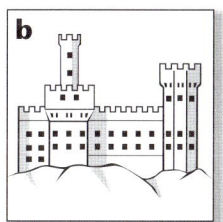
c
d
e

SECTION C Now test yourself!

TIPS FOR EXAM SUCCESS

If you have already worked through sections A and B, you should know the most important things you need to do in your exam. You should be able to answer all the questions below. If you have any problems, look at pages 4, 20 and 38.

1 What do you do if the questions are in English?
2 What do you do if the questions are in German?
3 How long should your answers be if the questions are in German?
4 What should you usually do before you read the text?
5 What does it mean if there is a number in brackets after the question?

1

Du möchtest bezahlen. Wo gehst du hin? Schreib den Buchstaben von dem richtigen Bild.

Zur Kasse bitte Treppe hochgehen!

a    b    c    d

2

Was darf man Tag und Nacht hier **nicht** machen?

Einfahrt Tag und Nacht freihalten

3

Du möchtest hier parken. Was musst du machen?

Kunden-Parkplatz Raiffeisen Markt Benutzung nur für die Dauer Ihres Einkaufs

4

Wann hat man **besonderes** Interesse an diesem Schild?

a) Wenn man auf der Straße steht.
b) Wenn man mit der U-Bahn fahren will.
c) Wenn man nach Hause kommen will.

(1)

OCEA, Specimen Question Reading, Foundation Tier

5

Wann hat man **besonderes** Interesse an diesem Schild?

a) Wenn man Auto fährt.
b) Wenn man Durst hat.
c) Wenn man krank ist.

(1)

OCEA, Specimen Question Reading, Foundation Tier

6

Welche Nummer auf dem Plan brauchst du?

Beispiel: Du willst Blumen kaufen.   **10**

a) Du hast Durst.
b) Du brauchst etwas gegen Halsschmerzen.
c) Du willst eine Zeitschrift kaufen.
d) Du willst deinen Koffer nicht mehr herumtragen.
e) Du willst eine neue Jacke kaufen.
f) Du willst Reiseschecks einlösen.

(6)

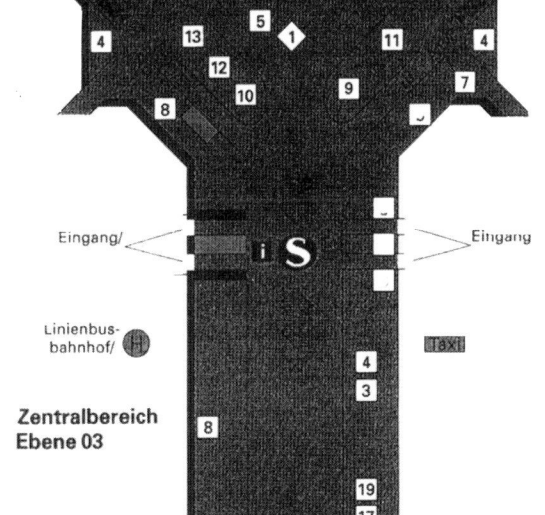

1. Zentrale Information
2. Gepäckschließfächer
3. Banken/Geldwechsel
4. Fruchtsaftbar
5. Modeboutique
6. Presse/Tabak
7. Delikatessen
8. Foto/Elektro/Uhren
9. Reisebüros
10. Blumen
11. Friseursalon
12. Apotheke

London Examinations, A division of Edexcel Foundation, Specimen Question Reading, Foundation Tier

Exam questions

7

Was würdest du zu welchem Wetter tragen? Schreib' die Nummer von jedem Satz mit dem Buchstaben von dem passenden Bild.

1. Weiterhin sonnig und trocken, besonders am Meer. Strandwetter.
2. Stark bewölkt bis bedeckt und wiederholt Regenfälle. Schwacher bis mäßiger Wind.
3. Morgen kalt, bis -4 Grad, Schneefall möglich.
4. Hochwassergefahr am Rhein, verstärkt durch frischen Wind.
5. Sonnig und heiter, leichter Wind, Wanderwetter.

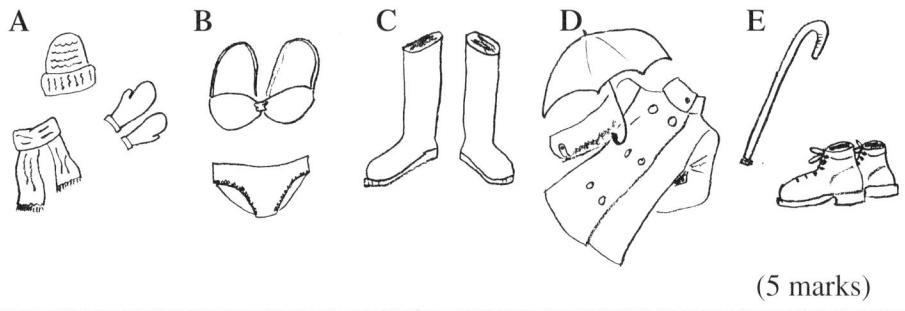

(5 marks)

Southern Examining Group, Specimen Question Reading, Foundation Tier

8

Lies diesen Brief und beantworte die Fragen.

a) Was war Toms Frage?
b) Was gibt es in der Stadtmitte von Minden?
c) Was gibt es manchmal in der Stadthalle?
d) Wie ist das Jugendzentrum?
e) Was findet Andreas schön?

(5 marks)

> Minden, den 11. Oktober
>
> Lieber Tom!
>
> Vielen Dank für Deinen Brief. Du hast mich gefragt: „Was gibt es in Deiner Stadt zu sehen?" Also — ich lege Dir ein paar Fotos bei. Es gibt den Dom in der Stadtmitte und natürlich das Rathaus. Wir haben auch eine moderne Stadthalle. Dort gibt es manchmal Popkonzerte. Letzten Samstag war Evi Bamm da. Toll!
> Das Jugendzentrum ist ganz modern. Das Stadion ist schön und der Fluß auch.
> Und Deine Stadt — was gibt es dort zu sehen? Habt ihr auch ein Stadion und eine Stadthalle?
> Schreib bald wieder,
> Dein Andreas

Southern Examining Group, Specimen Question Reading, Foundation Tier

9

Lesen Sie diesen Text und die Sätze unten. Für jeden Satz schreiben Sie R für richtig oder F für falsch.

> **Willkommen in Günnersdorf!**
> Hier finden Sie alles, was Sie im Urlaub brauchen – Ruhe und Kultur, ein Sport- und Freizeitzentrum, interessante Museen und Galerien. Immer 'was Neues für junge und für alte Leute.
>
> **Für den ruhigen Tag**
> Machen Sie einen Spaziergang, oder vielleicht eine Radtour. Sie können den ganzen Tag im Wald fahren. Leihen Sie sich ein Rad am Bahnhof! Wenn Sie abends grillen wollen, so reservieren Sie sich beim Verkehrsamt einen Grillplatz im Wald.
>
> **Für Sportfreunde**
> Im Freizeitzentrum kann man viel Sport treiben, vom Fitness bis zum Federball, vom Schwimmen bis zum Rollschuhlaufen. (Mittwochvormittags geschlossen)
>
> **Für junge Leute**
> Ein großer Jugendklub, wo man für nur DM 3,- den ganzen Abend in der Disko tanzen oder Spaß beim Bowling haben kann. Mitmachen!
>
> **Musik**
> Schlosskonzerte gibt es jeden Mittwochabend und Sonntagnachmittag. Karten kaufen Sie beim Verkehrsamt oder an der Kasse am Schlosseingang.
>
> **Besuchen Sie das Schloss** (März – Oktober)
>   Jeden Tag   10.00–16.00
>   Erwachsene   DM 8,-
>   Kinder bis 16 Jahre   DM 4,-
>   Ermäßigung für Gruppen ab 10 Personen
>
> **Und so viel mehr!!** ....

Beispiel:
In Günnersdorf kann man gut Urlaub machen.   R

a) Alles ist für alte Leute.

b) Man kann im Wald Rad fahren.

c) Man muss am Verkehrsamt grillen.

d) Das Sportzentrum ist jeden Morgen geöffnet.

e) Konzertkarten kann man im Schloss kaufen.

f) Der Besuch im Schloss ist billiger für eine Gruppe von fünf.

(Total: 6 marks)

Midland Examining Group, Reading, Foundation Tier

SECTION D

Using the telephone

Read this cartoon and answer the questions opposite in English.

1. What is Mick doing when his father calls him?
2. What evidence is there that Mick uses the phone quite often?
3. What does Mick plan to do as soon as he has finished talking to his father?
4. Why is Mick's father angry?
5. What is Mick's reaction to his father's anger?
6. What does Mick do to try to solve the problem?
7. Which people does he make a special point of phoning to tell them about the problem?
8. Do you think Mick's father will be pleased with what Mick has done? Why? Why not?

Using the telephone in a hotel

Lies diese Informationen und beantworte die Fragen.

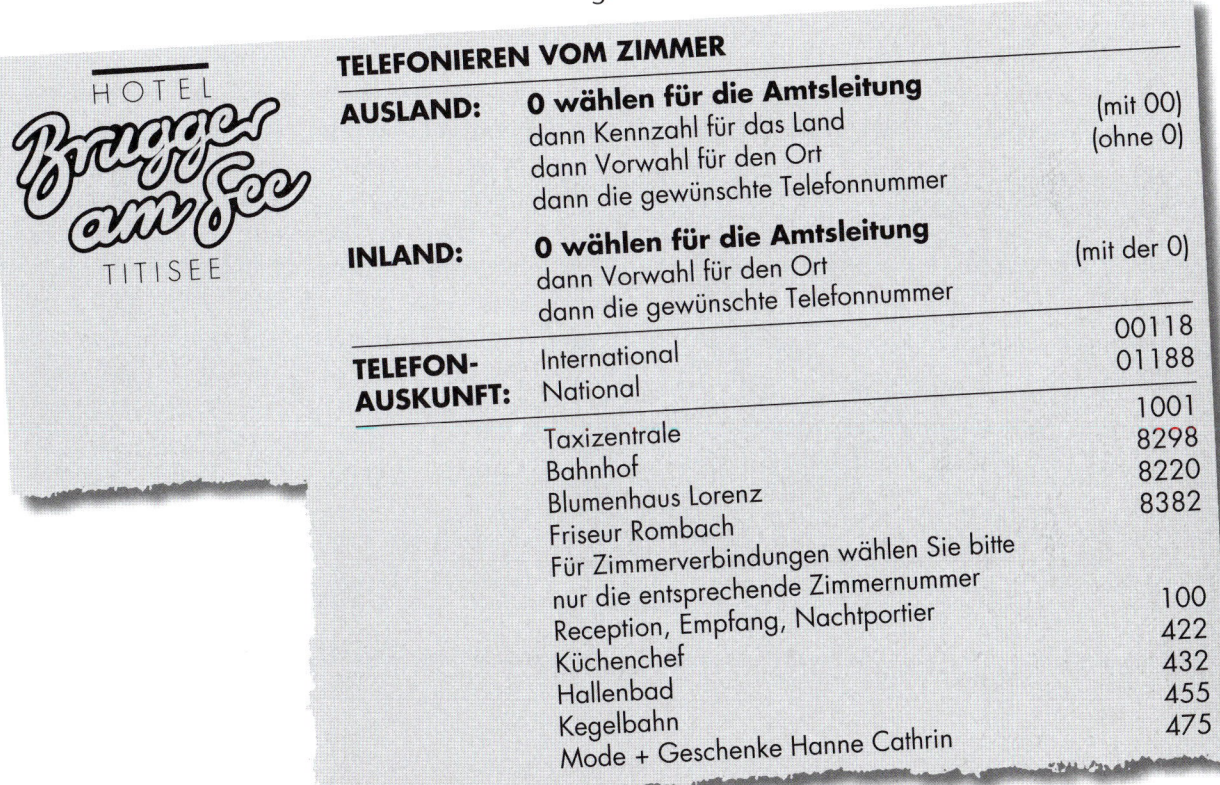

Welche Nummer musst du wählen?

1. Du möchtest schwimmen gehen.
2. Du möchtest mit einem Taxi zum Bahnhof fahren.
3. Du möchtest deine Eltern zu Hause anrufen.
4. Du möchtest mit einem Freund im Zimmer 14 telefonieren.
5. Du möchtest zehn Rosen bestellen.
6. Du möchtest Auskunft über die Züge nach Freiburg.
7. Du möchtest einer Freundin ein Andenken aus dem Schwarzwald kaufen.
8. Du möchtest dir die Haare schneiden lassen.

Living in the country

Lies diesen Text und beantworte die Fragen.

Ohne Auto läuft nichts

„Nach der Realschule wußte ich nicht, was ich werden wollte", erzählt Saskia (20). Sie kann gut mit Tieren umgehen und reitet leidenschaftlich gern. Doch ein Praktikum als Pferdewirtin gefiel ihr nicht. Sie durfte nur Ställe ausmisten. Keine sehr abwechslungsreiche Tätigkeit! Als sich ihr Hund verletzte, ging sie mit ihm zum Tierarzt. Dort entdeckte Saskia ihr Berufsziel: Sie bewarb sich als Tierarzthelferin. Saskia hatte Glück und bekam eine Lehrstelle im nächsten Dorf, sechs Kilometer von Zuhause entfernt. Doch die Busverbindungen waren schlecht. Sie mußte mit dem Fahrrad durch den Wald zur Praxis fahren. Auch bei Regen oder Schnee. Im zweiten Lehrjahr verstarb plötzlich ihre Chefin. Saskia mußte sich einen neuen Ausbildungsplatz suchen. Sie fand ihn zwanzig Kilometer von ihrem Wohnort entfernt. In dem kleinen Ort gibt es aber keinen Bahnhof. Auch den Schulbus konnte sie nicht benutzen: Ihre Arbeitszeiten sind anders als die Schulzeiten. Glücklicherweise wurde sie damals gerade 18 Jahre alt und machte ihren Führerschein. Ihre Eltern schenkten ihr ein altes Auto. Zweimal in der Woche fährt Saskia zur Berufsfachschule in die nächste Großstadt. Hier findet der theoretische Unterricht statt. Der Besuch einer solchen Schule ist für jede Ausbildung vorgeschrieben. Insgesamt drei Stunden ist Saskia unterwegs. Eine lange Anfahrtszeit, die aber nicht ungewöhnlich ist. Denn viele Berufsschulen sind in größeren Städten. Für Saskia bedeutet das auch: Ein Großteil ihres kleinen Verdienstes geht für Benzin und Fahrkarten drauf.

EXAM TIP

- Remember that you do not need to understand each word to answer the questions. For example, you can answer all the questions without knowing the exact meaning of **Realschule**. All you need to understand is **Schule**.
- You do not need to understand **leidenschaftlich** – as long as you understand **gern**, you can answer the question.
- Similarly, if you can work out that **Tierarzt** is a vet you will realise that there must be something wrong with the dog if it has to go to the vet's. You can therefore roughly work out the meaning of **verletzte**.
- Get used to concentrating on the important words and ignoring the rest. Don't waste time looking up the meaning of words you don't need to understand in order to answer the questions.

Wortschatz

abwechslungsreich
adjective varied

die Ausbildung *noun*
training

ausmisten *verb*
to clean out

der Beruf *noun*
job, profession

sich bewerben *verb*
to apply

die Pferdewirtin(nen)
noun groom, stable hand

das Ziel(e) *noun*
aim

UNDERSTANDING WORDS

There are several compound nouns in this text. Split the words into smaller words and you should be able to work out what they mean.

Tierarzt	Tier + Arzt
Tierarzthelferin	Tier + Arzt + Helferin
Busverbindungen	Bus + Verbindungen
Ausbildungsplatz	Ausbildung + Platz
Schulbus	Schule + Bus
Arbeitszeiten	Arbeit + Zeiten
Schulzeiten	Schule + Zeiten

Tierarzt – (animal doctor) vet; **Tierarzthelferin** – (animal doctor's helper) vet's assistant; **Busverbindungen** – bus connections; **Ausbildungsplatz** – training place; **Schulbus** – school bus; **Arbeitszeiten** – (work times) working hours; **Schulzeiten** – (school times) school hours

A Für jeden Satz schreib R für richtig, F für falsch und NI wenn es keine Information gibt.

1. Saskias Hobby ist Reiten.
2. Sie hat Tiere sehr gern.
3. Ihr Praktikum hat ihr sehr gut gefallen.
4. Sie fand das Praktikum langweilig.
5. Sie hat drei Hunde.
6. Sie musste ihren Hund zum Zahnarzt bringen.
7. Nach dem Praktikum hat sie in ihrem Dorf gearbeitet.
8. Sie konnte leicht mit dem Bus zur Arbeit fahren.
9. Sie fuhr immer mit dem Rad zur Arbeit.
10. Sie musste nur bei schönem Wetter mit dem Rad fahren.
11. Sie hatte ihre Chefin gern.
12. Ihr zweiter Ausbildungsplatz ist nicht weit von zu Hause.
13. Sie kann nicht mit dem Schulbus zur Arbeit fahren.
14. Sie hat ein Auto.
15. Die Reise zur Berufsfachschule dauert nicht lange.

B Korrigiere alle falschen Sätze.

C Copy and complete this summary in English.

Saskia gets on well with ………… . She worked with ………… during her work placement. She didn't like this because she was only allowed to ………… . She found this ………… . One day she had to take her ………… to the ………… . After that, she decided that she wanted to be ………… . She got a training place in ………… . She had problems getting to work because ………… . She had to go by ………… even when it was ………… or ………… .

After two years, her boss died and Saskia had to find a new training place. She found it in a village ………… from her home. She had problems getting there because her village has no ………… and she couldn't use ………… . Luckily, when she was 18 she ………… . Her parents ………… . She has to drive to college in the next town. The whole journey takes her ………… . This means that she spends most of her earnings on ………… and ………… .

Working with animals

Lies diesen Text und beantworte die Fragen.

TIERISCHE ÜBERRASCHUNG

Miriam, 16 Jahre, meldet sich eine Woche vom Sportunterricht ab. Ein Kamel hat ihr in die Hand gebissen. Die Lehrer wundern sich darüber schon lange nicht mehr. Auch für die Bewohner von Rotfelden sind Kamele nichts besonderes. Nur Touristen glauben manchmal, sie sähen eine Fata Morgana[1]. Kamele im Schwarzwald? Am Rand von Rotfelden entdecken sie einen Stall. Da stehen 50 Kamele. Ein junges Mädchen mit blonden Haaren steigt gerade von einem Traktor. Sie trägt einen grünen Overall und schwere Gummistiefel. Sie holt eine Art Sattel und geht zu einem Kamel. Wenig später sitzt sie oben und reitet los. Auf einem Kamel. Mitten in Deutschland.

Die Realschülerin möchte später am liebsten „Kamelwirtin" werden. Seit einigen Jahren betreut sie die Kamele des Vereins „FATA-MORGANA e.V.". Den hat Wilhelm Breitling, ein Kamelfan, gegründet. Miriam füttert die Tiere, säubert die Ställe und striegelt[2] die Kamele. Am liebsten aber reitet sie. „Das Schönste ist, wenn die Tiere eifersüchtig sind", sagt Miriam und lächelt. Darum versucht sie alle Kamele gleich zu behandeln. Kamele sind neugierig und stur. Sie machen längst nicht alles, was ihnen ein Mensch sagt. Im Gegenteil – sie haben einen sehr dicken Schädel[3]. Das gefällt Miriam besonders gut.

Wilhelm sagt ihr, daß sie in den nächsten Tagen nicht so viel arbeiten soll. Miriam muß ihre Hand schonen. Das findet sie trauriger als das Fehlen beim Schulsport. Doch bald merkt sie, daß die Pause auch einen Vorteil hat: Jetzt kann sie öfter auf die Wiese zu den Kamelen, mit ihnen reden – und von einer eigenen Karawane[4] träumen.

1 Fata Morgana: optische Täuschung bei großer Hitze (Luftspiegelung)
2 striegeln: (das Fell von Tieren) bürsten bzw. kämmen
3 einen dicken Schädel haben: eigenwillig sein
4 Karawane: hier: Reisegruppe mit Kamelen, die hintereinander gehen

EXAM TIP

Look at the picture before you start to read the text. This tells you what the text is about – it must have something to do with a young woman who rides camels! This will help you to use your commen sense to work out the meaning of some of the more difficult words in the text.

Wortschatz

sich abmelden	verb	to ask permission to be absent
besonders	adverb	particularly
betreuen	verb	to look after
dressieren	verb	to train
eifersüchtig	adjective	jealous
gründen	verb	to found, to set up
neugierig	adjective	inquisitive, curious
schonen	verb	to look after
stur	adjective	stubborn
überraschen	verb	to surprise
der Vorteil(e)	noun	advantage

UNDERSTANDING WORDS

- There are several words in this text which are similar to English words. Can you work out the meaning of these?

  der Sattel   der Stall   reitet   ein Kamelfan

- Here are two words which you should be able to understand by finding words which they are connected with:

  der Bewohner – wohnen   säubert – sauber

(answers, inverted:) der Sattel – saddle; der Stall – stable; reitet – rides; ein Kamelfan – a lover of camels; der Bewohner – someone who lives there; säubert – cleans

Schreib den Buchstaben von der richtigen Antwort.

1. Warum kann Miriam keinen Sport treiben?
   - a) Die Hand tut ihr weh.
   - b) Sie mag Sport nicht.
   - c) Sie ist schon sechzehn.
   - d) Sie hat Kopfschmerzen.
2. Wie reagieren die Lehrer?
   - a) Sie ärgern sich.
   - b) Sie sind nicht zufrieden.
   - c) Es überrascht sie nicht.
   - d) Sie wundern sich sehr.
3. Wer lebt in dem Stall in Rotfelden?
   - a) Pferde.
   - b) Kamele.
   - c) Kühe.
   - d) Schafe.
4. Wie sieht Miriam aus?
   - a) Sie hat blaue Augen.
   - b) Sie hat braune Haare.
   - c) Sie hat braune Augen.
   - d) Sie hat blonde Haare.
5. Was trägt sie, wenn sie arbeitet?
   - a) Eine Jacke.
   - b) Einen Rock.
   - c) Eine Mütze.
   - d) Gummistiefel.
6. Was möchte sie nach der Realschule machen?
   - a) Sie möchte mit Tieren arbeiten.
   - b) Sie möchte mit Touristen arbeiten.
   - c) Sie möchte in einem Büro arbeiten.
   - d) Sie möchte ein Praktikum machen.
7. Was macht Miriam mit den Tieren?
   - a) Sie fotografiert sie.
   - b) Sie zeichnet sie.
   - c) Sie füttert sie.
   - d) Sie schreibt ein Buch über sie.
8. Was macht sie am liebsten?
   - a) Sie füttert sie.
   - b) Sie reitet auf ihnen.
   - c) Sie säubert die Ställe.
   - d) Sie bürstet sie.
9. Warum sind diese Tiere schwer zu dressieren?
   - a) Sie sind sehr stur.
   - b) Sie sind nicht sehr gesund.
   - c) Sie sind nicht sehr stark.
   - d) Sie sind zu müde.
10. Was muss Miriam in den nächsten Tagen nicht machen?
    - a) Sie muss nicht zur Schule gehen.
    - b) Sie muss nicht studieren.
    - c) Sie muss keine Hausaufgaben machen.
    - d) Sie muss nicht so viel arbeiten.
11. Warum muss sie es nicht?
    - a) Weil sie keine Zeit dazu hat.
    - b) Weil sie für die Schule arbeiten muss.
    - c) Weil sie sich die Hand verletzt hat.
    - d) Weil sie seit einer Woche keinen Sport treibt.
12. Was ist für Miriam der Vorteil davon?
    - a) Sie kann mehr Zeit bei den Kamelen verbringen.
    - b) Sie kann länger auf den Kamelen reiten.
    - c) Sie kann länger studieren.
    - d) Sie kann sich ausruhen.

An advert in the market

You see this stall in the market. What exactly is it selling? (3)

Future plans

Lies diese Texte und beantworte die Fragen.

SCHULE AUS – UND JETZT?

WENN MAN DAS ABSCHLUSSZEUGNIS DER REALSCHULE IN DER TASCHE HAT, BEGINNT DAS RICHTIGE LEBEN.

Nina, 16

Erst mal will ich abschalten – lange schlafen, Freunde treffen, abends weggehen. Im Sommer fliege ich mit einer Freundin nach Mallorca. Danach gehe ich auf die höhere Handelsschule. Einen Ausbildungsplatz habe ich auch schon: bei der Polizei.

Markus, 16

Ich werde erst mal richtig relaxen, bevor die Arbeit beginnt. Ich kann jetzt die Dinge machen, die ich während der Schulzeit nur selten machen konnte: Billard spielen und schwimmen gehen. In Urlaub fahre ich mit meinen Eltern wahrscheinlich nach Österreich. Dann beginne ich eine Lehre als Chemikant.

Svenja, 16

Ich werde in der Wirtschaft meiner Eltern arbeiten. Das macht Spaß und ich verdiene ein bisschen Geld. An den Wochenenden ist Zeit zu feiern. Ab August habe ich eine Lehrstelle als Zahnarzthelferin. Die ist nur fünf Minuten von zu Hause entfernt. Urlaub mache ich im nächsten Jahr.

Torsten, 16

Feiern ist bei mir nicht angesagt. Ich habe keinen Ausbildungsplatz. Ich versuche unbedingt noch eine Lehrstelle als Informatiker zu bekommen. Über 25 Bewerbungen habe ich geschrieben und nur Absagen bekommen. Ich habe keine Lust weiter auf die Schule zu gehen.

Nicole, 16

An den Wochenenden jobbe ich an einer Tankstelle. Außerdem mache ich einen Schreibmaschinenkurs. Ansonsten werde ich Feten feiern, in Diskos gehen und endlich mal lange ausschlafen. Im Herbst mache ich eine Ausbildung als Justizangestellte beim Amtsgericht. Vorher habe ich vierzig Bewerbungen geschrieben und erst zum Schluss zwei Zusagen bekommen.

Angela, 16

Wir werden feiern, feiern, feiern. Ich freue mich, dass ich die Schule mit einem guten Zeugnis geschafft habe. Ich gehe noch drei Jahre auf die höhere Handelsschule und werde dann vielleicht Polizistin. Eigentlich würde ich ja viel lieber Sängerin werden, aber ob das klappt? Ich weiß nicht.

Thomas, 16

Wir haben noch eine gemeinsame Abschlussfeier an der Schule. Privat wollen wir uns mit der ganzen Klasse zum Grillen treffen. Im Herbst will ich eine Lehre als Elektroinstallateur machen. Ich habe 30 Bewerbungen geschrieben. Damit habe ich im letzten Jahr angefangen. Bisher habe ich nur Absagen bekommen.

EXAM TIP

- Remember it is better not to read the texts first. Read the first question and scan the texts to find the answer. Deal with each question in this way.
- Some questions in Activity B will have more than one answer.

UNDERSTANDING WORDS

Polizistin** **Zahnarzthelfer**in

When a word for a job ends in **-in**, it means that a woman is doing the job.

der Lehrer, die Lehrerin
der Verkäufer, die Verkäuferin

A Beantworte diese Fragen auf Deutsch.

1. Wohin fährt Nina in den Urlaub?
2. Was möchte Markus in seiner Freizeit machen? (2)
3. Mit wem fährt Markus in den Urlaub?
4. Warum gefällt es Svenja mit ihren Eltern zu arbeiten? (2)
5. Was möchte Svenja werden?
6. Wo arbeitet Nicole am Samstag?
7. Warum feiert Torsten nicht?
8. Was möchte Angela am liebsten machen?
9. Wie möchte Thomas mit seiner Klasse feiern?
10. Wann hat er angefangen, eine Lehre zu suchen?

B Schreib den (die) richtigen Namen.

1. Wer hat keinen Ausbildungsplatz gefunden?
2. Wer lernt Tippen?
3. Wer möchte sich richtig ausruhen, bevor er/sie zu arbeiten anfängt?
4. Wer fährt mit einer Freundin in den Urlaub?
5. Wer möchte nur feiern?
6. Wer wird mit der Klasse draußen essen?
7. Wer wird mit ihren Eltern arbeiten?
8. Wer möchte Polizistin werden?
9. Wer macht dieses Jahr keinen Urlaub?
10. Wer hat viele Bewerbungen geschrieben und keine Zusage bekommen?
11. Wer hat viele Bewerbungen geschrieben und Zusagen bekommen?
12. Wer hat gute Noten in der Schule bekommen?
13. Wer möchte Sport treiben?
14. Wer kann gut singen?
15. Wer fährt mit seinen Eltern in den Urlaub?

The rules of work

Lies diesen Text und beantworte die Fragen.

Was der Chef dulden muß, was nicht

Doris Klein (32) arbeitet als Sekretärin in einem Verlag. Sie arbeitet flott, ist zuverlässig. Aber: Immer wieder schminkt sie sich im Büro, lackiert sich sogar die Fingernägel. Ihr Chef ist genervt, droht mit Konsequenzen. Trinken, Schminken, Tratschen: Was darf ich mir erlauben, was kann der Boß verbieten? Das sagen die Gerichte:
Schminken: Wenn man mit Kunden zu tun hat, darf man auch während der Arbeitszeit das Make-up überprüfen. Aber bitte nur auf der Toilette. Fingernägel lackieren ist tabu.
Alkohol: In Ausnahmefällen kann einem betrunkenen Mitarbeiter bereits beim ersten Mal fristlos gekündigt werden, z.B. einem Lkw- oder Busfahrer.
Privat telefonieren: ist nur okay, wenn es der Chef ausdrücklich erlaubt. Für eine kurze Nachricht zu Hause, daß man länger arbeiten muß, braucht man keine Extra-Genehmigung.
PC-Spiele: sind am Arbeitsplatz verboten, selbst wenn sie im Computer installiert sind. Wer erwischt wird, riskiert eine Abmahnung – Kündigung nicht ausgeschlossen. Das gleiche gilt fürs Zeitunglesen.
Mit Kollegen plaudern: Kein Vorgesetzter wird wegen eines kurzen Gesprächs mit Kon-sequenzen drohen. Es sei denn, die Arbeit wird vernachlässigt oder der Betriebsfrieden erheblich gestört (BAG).
Privat faxen, Briefe schreiben: ist während der Arbeitszeit verboten.

A Was darf man bei der Arbeit machen und was darf man nicht machen? Schreib nur die Sätze ab, die richtig sind.

1. Man darf keinen Alkohol trinken.
2. Man darf PC-Spiele nicht während der Arbeitszeit spielen.
3. Man darf sich im Büro schminken.
4. Man darf nur Geschäftsbriefe schreiben.
5. Man darf während der Arbeitszeit keine Zeitung lesen.
6. Man darf sich die Fingernägel lackieren.
7. Man darf schnell nach Hause anrufen.
8. Man darf sich auf der Toilette schminken.
9. Man darf nicht nach Hause faxen.
10. Man darf Freunde im Ausland anrufen.
11. Man darf nicht sehr lange mit Kollegen sprechen.
12. Man darf Alkohol trinken.

B Was darfst du in der Schule machen? Schreib fünf Sätze.

C Was darfst du in der Schule **nicht** machen? Schreib fünf Sätze.

Wortschatz	
die Abmahnung noun	caution
drohen verb	to threaten
erlauben verb	to allow
erwischen verb	to catch
flott adjective	quick
die Genehmigung noun	approval
zuverlässig adjective	reliable

An advert for a job

Sieh dir diese Anzeige an. Für welche Stelle ist sie?

a  b  c  d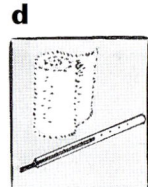

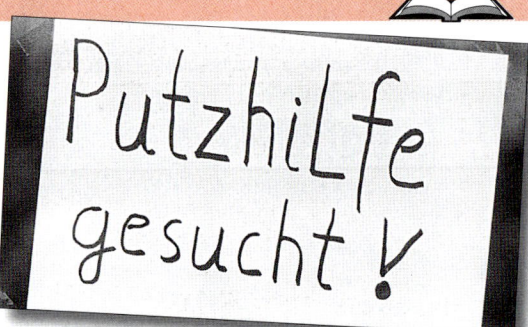

A detective at work

Lies diese Geschichte und sieh dir die Bilder genau an. Kannst du die
Frage am Ende der Geschichte beantworten?

Kommissar Kniepels dritter Fall

1. Anton Glitzke, Angestellter des Juweliergeschäftes Funkelstein, meldet einen Überfall. Er fuhr gerade zu einem Kunden. Da hat man ihm Schmuck geraubt, Wert: 5000 DM. Kommissar Kniepel kommt sofort.

2. Er fährt mit Glitzke zur Stelle des Überfalls. Glitzke erzählt: „Hier stand ein Mann und winkte. Ich dachte, es ist ein Notfall. Ich habe angehalten. Doch dann zeigte der Mann seine Pistole. Aus dem Wald kam noch ein zweiter Mann.

3. Die beiden stießen mich auf den Rücksitz. Dann setzten sie sich nach vorne und fuhren los. Hier bremste der Fahrer. Ein Hase lief über die Straße. Da habe ich die Tür aufgemacht. Ich bin schnell ausgestiegen und weggelaufen. Die beiden sind mit dem Schmuck weggefahren."

4. Wenig später findet die Polizei das Auto von Glitzke. „Da ist ja mein Wagen", freut sich Glitzke. „Wenigstens etwas!" „Den Schmuck haben Sie auch", sagt Kniepel. „Ihre Geschichte vom Überfall ist ein Märchen. Sie haben gelogen!" Warum wußte Kniepel, daß Glitzke log?

Die Lösung findest du auf Seite 94.

Newspaper announcements

Lies diese Texte und beantworte die Fragen.

1

Wir haben
höhere Ausgaben
kürzere Nächte
weniger Freizeit
mehr Sorgen
aber 6 Pfund
mehr Glück

Katharina
16 Oktober 1997

Wir freuen uns über die Geburt unserer Tochter
Sabine Mansik-Sachs
Andreas Sachs

Am Mühlenkämpchen 26, 42477 Radevormwald

2

Nico hat ein Brüderchen bekommen!

Jan
15. Oktober 1997
2800 g – 50 cm

Es freuen sich:
*Gundel und Dirk Merkelbach
sowie die Großeltern*

Oderstraße 3, 42477 Radevormwald

3

Wir haben uns am 18. Oktober 1997 verlobt

Tanja Busch
Guido Börsch

Altendorf 6, 42477 Radevormwald

4

Wir haben uns am 5. Oktober 1997 auf Fuerteventura verlobt.

Tanja Baßler   *Veit Arzdorf*

Hohenzollernstraße 11, 42477 Radevormwald

5

Andre Heilmann
Claudia Klophaus

Sportstraße 17, 42107 Wuppertal

Standesamtlich Trauung am 8. November 1997,
Burgstraße 8, um 11.00 Uhr

Unseren Entschluß möchten wir mit Euch am 31. Oktober 1997, ab 19.00 Uhr bei Getränke Tacke feiern. – Bitte nicht poltern!!! –

6

Für die vielen Glückwünsche und Geschenke anläßlich der Geburt unseres Sohnes

Tim

möchten wir uns hiermit bei allen recht herzlich bedanken.

Armin Klein-Ellinghaus
Marion Salzmann
42477 Radevormwald, Önkfeld 3,
im Oktober 1997

7

Goldhochzeit
hat man immer nur einmal.

Aber das so viele an uns dachten
Freunde, Nachbarn und Verwandten
mit so vielen Aufmerksamkeiten,
die AWO, Stadt und Land.
Dafür möchten wir uns von ganzem
Herzen bedanken.

Klarissa und Siegfried Grafe

Radevormwald, im Oktober 1997

8

Über die vielen Glückwünsche, Blumen und Geschenke anläßlich meines

85. Geburtstages

habe ich mich sehr gefreut und möchte mich hiermit bei allen recht herzlich bedanken.

Charlotte Kienast
Radevormwald, im Oktober 1997
Siedlungsweg 16 - Dahlerau

9

*Unserer kleinen
„ELSE"
alles Gute zum
18. Geburtstag!!!*

Wünschen
*Daniel und Simone,
Krümel und Eddy*

A Welcher Text passt (Welche Texte passen) zu welchem Bild?

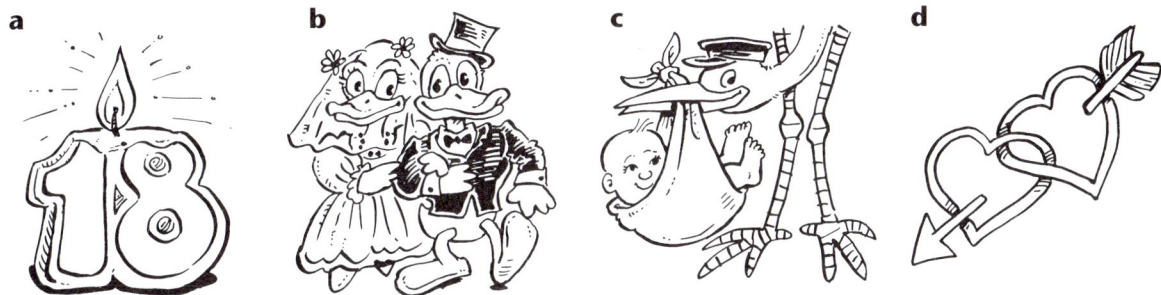

a   b   c   d

B Beantworte diese Fragen auf Deutsch.

1. Wie heißt der Bruder von Jan?
2. Wann ist Jan geboren?
3. Wie heißt der Verlobte von Tanja Busch?
4. Wo haben sich Tanja Baßler und Veit Arzdorf verlobt?
5. Um wieviel Uhr ist die Hochzeit von Andre Heilmann und Claudia Klophaus?
6. Was haben Armin Klein-Ellinghaus und Marion Salzmann zum Geburt ihres Sohnes bekommen?
7. Seit wie vielen Jahren sind Klarissa und Siegfried Grafe verheiratet?
8. Wie alt ist Charlotte Kienast?

An announcement in town

You see this announcement in town.

1. What is this advertising?
2. Where will it be?

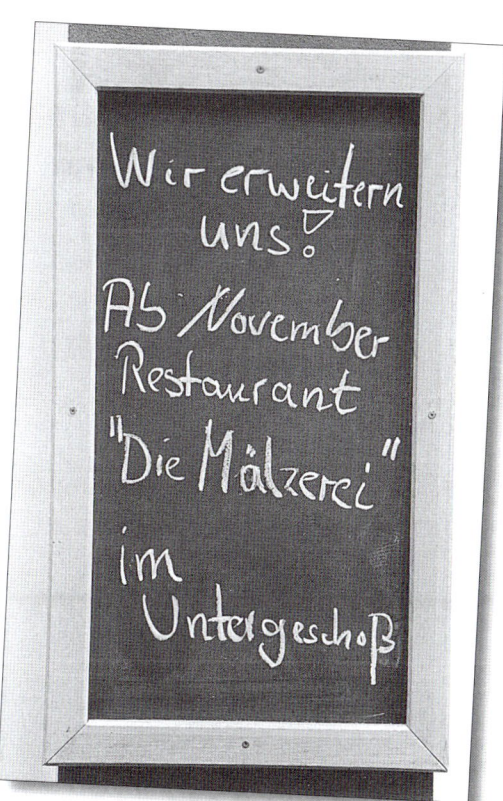

SECTION D Now test yourself!

TIPS FOR EXAM SUCCESS

Remember, you do not need to understand every word of the text to answer the questions.

Use the strategies which you have learnt to help you to understand unfamiliar words. Do not use your dictionary more than you have to.

1

You need a passport photo for a job application. You see this notice.

Why might you choose to go here? (1)

2

What jobs are being advertised here? Make a list for your careers teacher.

Example:
> Tischler gesucht
> ab sofort
> Tel: (040) 3 67 48 47

joiner

a)
> Das Nachsorgekrankenhaus Bethanien
> sucht zum 01. 04. 1997 oder später eine
> **Krankenschwester**
> für unsere Kardio-Station. 14 bzw 15
> Nächte pro Monat

(1)

b)
> **Lehrling**
> **gesucht ab 2. Gesellenjahr**
> Salon Lady und Mister, Eppendorfer Weg 174
> 2 HH 20   Tel: 422 58 79

(1)

c)
> Unser Team braucht Verstärkung
> **Verkäuferin**
> (gerne älter) für Filiale Blankenese
> Bäckerei Jans   Tel: 040/832 02 06

(1)

Northern Examinations and Assessment Board, (Short Course) Reading, Foundation Tier

3

You go to a fairground in Germany with an English friend. You read this warning sign before getting on one of the rides and explain it to your friend.

Mention **three** things you are not allowed to do on this fairground ride. (3)

> **VERBOTEN IST:-**
> 1. Rauchen während der Fahrt.
> 2. Aufstehen während der Fahrt.
> 3. Mitnehmen von Getränken.
> 4. Mitnehmen von Regenschirmen.

London Examinations, A division of Edexcel Foundation, Specimen Question Reading, Foundation Tier

4

Bei der Gastfamilie.

> Dienstag. 1630 Uhr.
> Jürgen hat telefoniert. Hast du Lust übermorgen abend ins Kino zu gehen? Er kann dich abholen. Ruf ihn an.

Schreib den richtigen Buchstaben für jede Antwort.

Beispiel: Wer hat telefoniert? [C]
- A Franz
- B Michael
- C Jürgen
- D Andreas

a) Um wieviel Uhr hat Jürgen telefoniert? (1)
- A um halb vier
- B um halb fünf
- C um halb sechs
- D um halb sieben

b) Wann möchte Jürgen ausgehen? (1)
- A Montag
- B Dienstag
- C Mittwoch
- D Donnerstag

c) Was möchte Jürgen machen? (1)
- A ein Theaterstück sehen
- B einen Film sehen
- C ein Konzert besuchen
- D ein Fußballspiel sehen

d) Wo triffst du Jürgen? (1)
- A vor dem Kino
- B an dem Bahnhof
- C an der Telefonzelle
- D an deinem Haus

Northern Examinations and Assessment Board, (Short Course) Reading, Foundation Tier

Exam questions

5

Lehrlinge schreiben über die Lehrstelle.

> HEINKE: Ich bin im dritten Lehrjahr. Ich will Bürokauffrau werden. Ich habe schon eine abgeschlossene Berufsausbildung als Köchin. Aber diesen Beruf kann ich nicht machen, weil ich Allergien habe. Das Arbeitsklima gefällt mir. Ich möchte nach der Ausbildung gerne hier bleiben.
>
> TANJA: Ich hatte keine Lust, einen typischen Frauenberuf zu lernen, Frisörin zum Beispiel. Ich wußte: nach der Schule mache ich etwas mit Maschinen. Mich stört, daß man in der Berufsschule zu viel Theorie lernt. Da fehlt die Verbindung zur Praxis.
>
> ULRIKE: Ich mache eine Ausbildung in einer Chemiefirma. Es war nicht leicht, eine Stelle zu bekommen. Ich habe sechs Bewerbungen an verschiedene Firmen geschickt, bis ich die Lehrstelle bekommen habe.

Wer sagt das? Schreib einen Namen.

Beispiel: Ich bin seit drei Jahren Lehrling.   **Heinke**

a) Ich habe oft geschrieben, bis ich eine Stelle gefunden habe. (1)

b) Ich meine, es sollte mehr praktische Arbeit geben. (1)

c) Ich habe einen Beruf gewählt, wo normalerweise Männer arbeiten. (1)

d) Ich musste meinen ersten Beruf aufgeben. (1)

Northern Examinations and Assessment Board, (Short Course) Reading, Foundation Tier

6

Sieh dir dieses Foto an.

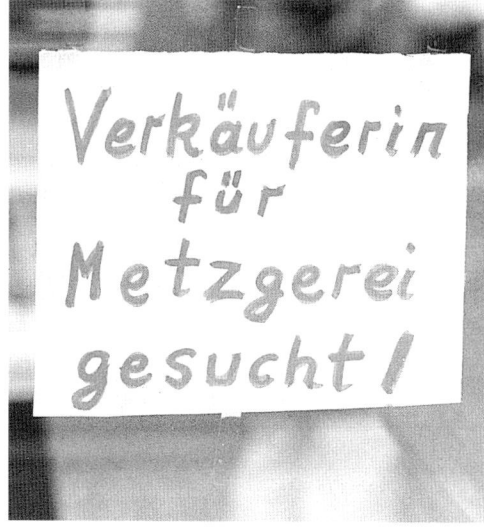

a) Was muss eine Verkäuferin in einer Metzgerei machen?

b) Wer passt am besten zu dieser Stelle?
Claudia, die draußen arbeiten möchte.
Uschi, die mit Kindern arbeiten möchte.
Susi, die weiter studieren möchte.
Beate, die in einem Geschäft arbeiten möchte.

7
Lesen Sie diesen Text und die Sätze unten. Für jeden Satz schreiben Sie
R für richtig oder F für falsch.

Fotomodell bleibt Traumberuf

Früher fand man Skandinavierinnen oder Französinnen auf den Titelseiten der internationalen Modezeitschriften. Heute sind die Chancen viel größer für die deutschen Modelle.

Für viele junge Mädchen ist 'Fotomodell' ein Traumberuf. Folgende Gründe geben sie dafür an: – das Bild von sich selbst in den Zeitschriften sehen;
– die Chance zu reisen;
– das Geld, das man dabei verdienen kann.

Es ist aber nicht genug, dass man gut aussieht. Man muss auch pünktlich sein und diszipliniert arbeiten können.

Die Zeitschriften suchen immer neue, interessante Gesichter. Inzwischen suchen sie auch Männer. Junge Mädchen und junge Männer, die sich für eine Karriere als Fotomodell interessieren, können direkt an die Zeitschriften schreiben. Man sollte seinen Lebenslauf in Stichworten beilegen, und natürlich auch ein Foto!

Beispiel:

Viele junge Leute wollen Fotomodell werden.   R

a) Früher fand man viele Deutsche auf den Titelseiten.   (1)
b) Deutsche Fotomodelle müssen nach Skandinavien fahren.   (1)
c) Viele Mädchen wollen gern reisen.   (1)
d) Man kann als Fotomodell viel Geld verdienen.   (1)
e) Man braucht nicht gut auszusehen.   (1)
f) Ein Fotomodell darf nicht zu spät zur Arbeit kommen.   (1)
g) Die Zeitschriften suchen keine Männer.   (1)
h) Man sollte seinen Lebenslauf mit einem Foto schicken.   (1)

(Total: 8 marks)

Midland Examining Group, Reading, Foundation Tier

SECTION E

Somewhere to stay

You are looking for somewhere to stay and see this advert.

1. What sort of accommodation is advertised here?
2. Where should you go to find out more about the accommodation?

> FERIENWOHNUNG zu vermieten, Anfrage im Laden

A special hotel

Read this article and answer the questions in English.

1. What is special about this hotel?
2. How many floors does it have?
3. How many rooms does it have?

> **Kleinstes Hotel der Welt steht jetzt in Bremen**
>
> Etwas Außergewöhnliches hat die Stadt Bremen anzubieten. In Bremen steht das kleinste Hotel der Welt.
>
> Das Hotel hat Platz für maximal zwei Personen. Es hat keine Rezeption, aber es hat im Erdgeschoß ein kleines Speisezimmer, im ersten Stock einen kleinen Fernsehraum und im zweiten Stock das Schlafzimmer.

On the River Moselle

Lies diesen Text und beantworte die Fragen.

HOTEL - WEINHAUS
Römerstube
Zimmer mit Dusche/Bad/WC, Balkon
Wildgerichte, gutbürgerliche Küche,
Weinproben
Ferienwohnungen mit SAT-TV u. Telefon
Moselweinstraße 9
D-56814 Ediger - Eller 1
Tel. 0 26 75 - 424

1. Was kann man hier machen? (2)
   a) Man kann hier übernachten.
   b) Man kann hier Einkäufe machen.
   c) Man kann hier Reiseinfomationen bekommen.
   d) Man kann hier essen.

2. Was haben **alle** Zimmer im Hotel? Schreib die richtigen Buchstaben. (3)

a  b  c

d  e   f

Showing you care

1 Was könnte man in diese Container geben? Schreib ein Beispiel.   (1)

2 Was könnte man in diese Sammlung geben? Schreib vier Beispiele.   (4)

EXAM TIP

It is quite likely that you will be asked a question on the environment in your exam. Here are some of the special words and phrases you should learn to prepare you for this.

Abfall litter

Autoabgase emissions from cars

Hausmüll trennen divide up your rubbish (In Germany people have separate bins at home for different types of rubbish.)

Sammelstelle collection point

Protecting the environment

Three young people talk about what they do to protect the enironment.

Thomas
- Ich tue, was ich kann. Auch meine Familie. Wenn wir durch den Wald wandern, nehmen wir Tüten mit und sammeln den Abfall ab.
- Wir bringen auch unsere alten Kleider zu einer Sammelstelle.

Ecki
- Ich fahre so wenig wie möglich Auto. Meiner Meinung nach liegt das Hauptproblem bei den Autoabgasen.
- Ich werfe auch kein Papier auf die Straße.

Susanne
- Bei uns zu Hause trennen wir den Hausmüll – Aluminium, Altpapier und Plastik.
- Für die Schule kaufe ich nur Hefte aus Altpapier.

What do they do for the environment?
Write two things for each person.

Survival training

Lies diesen Text und beantworte die Fragen.

„Mutige vor!"

Deutschland hat zwar keine Dschungel und Wüsten. Doch ein Survivaltraining kann trotzdem nicht schaden, meinten Annette und Oliver. Sie besuchten einen Wochenendkurs in der wilden Eifel.

Unser Basiscamp ist die Jugendherberge Rurberg. Sie liegt mitten in der wilden Eifellandschaft, hoch über dem Rursee. Nach dem Frühstück geht es los. Die Lunchpakete sind gut im Rucksack verstaut. Noch kämpft der Frühnebel mit der Sonne. Holger führt uns. Bald ist die Jugendherberge aus unserem Blick verschwunden.

Das Wichtigste für den Aufenthalt in der Wildnis ist das sichere Beherrschen von Karte und Kompass. Holger zeigt uns die nötigen Grundlagen. Nach einer Weile haben wir es kapiert. Wir bekommen eine Orientierungsaufgabe. Sie ist ziemlich knifflig[1], doch schließlich finden wir Holgers Versteck, einen Hochstand im Wald. Von dort geht es noch tiefer in den Wald. Wir kommen an einen Bach ohne Brücke.

Wir sollen ihn überqueren. Trocken natürlich! Mit Hilfsmitteln, die Holger in seinem Rucksack hat: Klettergurte, Seile und Karabinerhaken. Dann heißt es: Mutige vor! Christine hangelt sich[2] als erste über den Bach. Als sie mit einem Fuß abgleitet, sehen wir sie schon im Wasser liegen. Doch Holger sichert, und Christine kann sich wieder fangen. Auch die anderen schaffen es trockenen Fußes[3]. Mittagspause. Wir lernen Feuer machen ohne Streichhölzer. Nachmittags suchen wir mit Hilfe von Karte und Kompass charakteristische Punkte in der Landschaft. Daraus wird ein spannendes Orientierungsspiel. Abends stürzen wir uns hungrig wie die Löwen aufs Abendessen. Nur mühsam bleiben wir später beim Film über das Kanufahren wach.

Am nächsten Morgen haben wir wieder Sonnenschein. Am See liegen schon die Canadierboote bereit. Die Grundschläge scheinen kinderleicht zu sein. Schwimmwesten an, Ausrüstungsgegenstände und Nahrung wasserdicht verpacken und los. Der Rest des Tages vergeht wie im Traum. Lautloses Gleiten über Wasser, Picknick auf einer einsamen Insel. Dort zeigt uns Holger die Kunst des Biwakbaus[4]. Leider müssen wir kurz danach schon wieder zurück. Die Zivilisation hat uns wieder.

[1] knifflig; schwierig
[2] hangeln; sich (an einem Seil) im Hängen durch Weitergreifen der Hände fortbewegen
[3] trockenen Fußes; mit trockenen Füßen
[4] Biwakbau; Bau einer Schlafstätte in der Natur mit einfachen Mitteln

Wortschatz		
der Bach(¨e)	noun	stream
beherrschen	verb	to rule, to master
kapieren	verb	to understand
klettern	verb	to climb
das Streichholz(¨e)	noun	match
verstecken	verb	to hide

UNDERSTANDING WORDS

überqueren You do not need to look up the meaning of this word. Concentrate on the first part of the word – **über**. You should know that this means 'over'. From the general sense of the passage (**Wir kommen an einen Bach ohne Brücke. Wir sollen ihn überqueren**), you should be able to work out that **überqueren** must have something to do with going or getting over the stream.

Canadierboote Be careful! Here you have a German word which looks like an English word but which does not have the same meaning: **Boot** = boat

If you are not sure what sort of boat it is, look at the picture. It will help you to understand the word.

A Lies diese Fragen und die Antworten. Welche Frage passt zu welcher Antwort? Schreib die Nummer von jeder Frage mit dem Buchstaben der richtigen Antwort.

Die Fragen
1. Wo übernachten die jungen Leute?
2. Was ist ihre erste Mahlzeit?
3. Was bringen sie am ersten Tag zu essen mit?
4. Wie ist das Wetter am ersten Tag?
5. Was finden sie schwierig?
6. Wo verbringen sie den ersten Tag?
7. Warum ist es schwer, den Bach zu überqueren?
8. Wie müssen sie Feuer machen?
9. Wie fühlen sie sich am ersten Abend?
10. Was machen sie am ersten Abend nach dem Essen?
11. Wie ist das Wetter am zweiten Tag?
12. Was müssen sie anziehen, wenn sie mit dem Canadierboot fahren?
13. Wo essen sie am zweiten Tag zu Mittag?
14. Wie fühlen sie sich, wenn der Wochenendkurs zu Ende ist?

Die Antworten
a. Es gibt keine Brücke.
b. Schwimmwesten.
c. Hungrig und auch müde.
d. Traurig.
e. In einer Jugendherberge.
f. Die Orientierungsaufgabe.
g. Das Frühstück.
h. Auf einer Insel.
i. Sie sehen sich einen Film an.
j. Im Wald.
k. Es ist ein bisschen nebelig aber die Sonne scheint auch.
l. Es ist sonnig.
m. Ein Lunchpaket.
n. Ohne Streichhölzer.

B Copy and complete this timetable of activities in English.

DAY 1	Morning: Activity 1:	
	Activity 2:	
	Activity 3:	
	Midday activity:	
	Afternoon activity:	
	Evening: Activity 1:	
	Activity 2:	
DAY 2	Morning: Activity 1:	
	Activity 2:	
	Activity 3:	

Holidays

Lies diesen Text, mach den Test und lies das Ergebnis.

Teste Deine Ferien!

Auf einer Urlaubsreise kann in Sachen Umwelt manches schiefgehen. Wie war das beim letzten Mal? Mach den TIERFREUND-Test! Damit dieses Jahr alles viel besser läuft

1 Wir sind in die letzten Sommerferien verreist mit
– dem Auto 5P
– dem Bus 2P
– der Bahn 0P
– dem Rad 0P
– dem Flugzeug 3P

2 Eingepackt hatten wir:
– Surfbrett, Tennis- oder Golfschläger jeweils 1P
– (Fuß-, Feder-, Wasser-) Ball 0P
– Wanderschuhe 0P
– tragbarer Fernseher oder Radio 1P
– Mountainbike 2P
– Fahrräder 0P
– jede Menge Koffer 1P
– Rucksack 0P
– Spiele 0P

3 Das Ferienquartier war
– ein Zelt im Jugendlager 0P
– ein Zelt/Wohnwagen auf einem Campingplatz 1P
– ein Hotel pro Stockwerk 1/2P
– ein Privatquartier, Pension 0P
– eine Ferienwohnung 2P

4 Zum Hotel (Haus, Campingplatz) gehörte
– ein Swimmingpool 2P
– ein Golfplatz 2P
– eine Surfschule 2P
– ein Spielzimmer 0P
– eine Solaranlage zur Energieversorgung 0P
– ein Garten zum Spielen 0P
– ein Parkplatz oder eine Tiefgarage 2P
– ein Fahrradverleih 0P
– ein Stall mit Tieren 0P
– freilaufende Tiere wie Hühner, Ziegen, Katzen, Hunde 0P

5 Beim Frühstück war Butter, Käse, Marmelade
– offen 0P
– in Portionsschächtelchen verpackt 5P

6 Wurde im Hotel (Haus, Campingplatz, Lager) der Müll getrennt?
– Ja 0P
– Nein 4P

– Habe ich nicht darauf geachtet, das ist mir im Urlaub wurscht. 5P

7 Wie habt Ihr Euch am Urlaubsort fortbewegt?
– mit dem Auto 5P
– mit dem Rad 0P
– mit Bahn/Bus 0P
– mit Pferde- oder Eselskutschen 1P
– zu Fuß 0P

8 Wir waren nicht nur unter Urlaubern, sondern haben auch Einheimische kennengelernt.
– Ja 0P
– Nein 2P

9 Als Mitbringsel brachten wir mit:
– geschnitzte Figuren aus Elfenbein oder Korallenketten 5P
– eine schöne Blume (z.B. Orchidee oder Silberdistel), die wir aus der Erde ausgruben 5P

10 Wenn etwas anders war als zu Hause oder das Essen komisch schmeckte, dann
– schimpften wir und erzählten den Leuten, wie toll es bei uns zu Hause ist 2P
– freuten wir uns, endlich mal was anderes zu erleben 0P

Testergebnis:

Unter 5 Punkte: Umwelt- und Naturschutz ist bei Euch selbstverständlich – ob zu Hause oder im Urlaub. Super! Ein Urlaub ohne Auto ist auch für die Natur Erholung. Mit dem Rad kann man Land und Leute „hautnah" kennenlernen, entdeckt Dinge, an denen Autofahrer vorbeibrausen. Würden mehr Leute so verreisen, müßten sich die Kinder nicht so über gestreßte Eltern ärgern und Eltern nicht über quengelnde Kinder im Stau.

5–10 Punkte: Ihr scheint Eure Ferien auch ohne Sportgerätepark und überflüssigen Luxus genießen zu können. Prima!
Und Ihr sucht die Natur. Aber leider mit dem Auto. Ja, wenn das Auto nicht wäre, müßten wir vielleicht gar nicht so weit fahren, um noch Natur zu finden.
Oder seid Ihr geflogen? Um ferne Länder zu erleben, braucht man natürlich das Flugzeug. Wer jedoch schon einmal einen Reisekatalog durchgeblättert hat, fragt sich, warum die Leute nicht gleich zu Hause bleiben. Denn ob Karibik, Mallorca oder Costa Brava: Swimmingpool, Hotelklotz und Einkaufszentrum, überall gleich – eigentlich fast wie zu Hause.

Mehr als 10 Punkte: Surfen, Landschaftsfresser Golf und das querfeldeinfahrende Mountainbike gehören zu den umweltfeindlichsten Sportarten. Surfen macht Spaß. Dem Surfer. Nicht jedoch dem Wasservogel. Ein einziger Surfer reicht aus, um auf einer Fläche von 100 Hektar sämtliche Wasservögel zum Auffliegen zu bringen. Und Fliegen ist die anstrengendste Fluchtweise. Also: Augen auf beim nächsten Urlaub! Vielleicht kannst Du Deine Familie für einen „sanften" Urlaub begeistern. Lieber etwas weniger Komfort und Rummel, dafür mehr Neues entdecken!

EXAM TIP

To understand this text you will probably have to use your dictionary to find out the meaning of the following seven words at least:

Fahrradverleih	(look up **Verleih**)
getrennt	(look up **trennen**)
das ist mir wurscht	(look up **wurscht**)
Eselskutschen	(look up **Esel** and **Kutschen**)
Einheimische	
Elfenbein	
schimpften	(look up **schimpfen**)

See how long it takes you to find the meaning of all seven words. This will give you some idea how long it will take you to look up words in your exam. Remember, you will be unlikely to have more than about five minutes to spare in your exam. How many words do you think you could look up in five minutes?

UNDERSTANDING WORDS

**Surfbrett   Golfschläger   Golfplatz
Tennisschläger   Surfschule
Spielzimmer   Wanderschuhe**

If you split these words into two smaller words you should be able to work out their meaning.

Surfbrett = **Surf** + **Brett** = surfboard;
Golfschläger = **Golf** + **Schläger** = golf club;
Golfplatz = **Golf** + **Platz** = golf course;
Tennisschläger = **Tennis** + **Schläger** = tennis racquet;
Surfschule = **Surf** + **Schule** = surf school;
Spielzimmer = **Spiel** + **Zimmer** = games room;
Wanderschuhe = **Wander** + **Schuhe** = walking shoes

Beantworte jetzt diese Fragen.

A Lies das Testergebnis und die Sätze unten. Für jeden Satz schreib R für richtig, F für falsch und NI, wenn es keine Information gibt.

Unter 5 Punkte
1 Du tust viel für die Umwelt.
2 Du fährst am liebsten mit dem Auto.
3 Es ist besser für Kinder und auch für die Eltern, nicht mit dem Auto zu fahren.

5–10 Punkte
4 Du treibst gern Sport.
5 Viele Leute fahren gern mit der Bahn in den Urlaub.
6 Viele Leute fliegen gern in den Urlaub.
7 Viele Leute wohnen gern in Hotels, wo alles fast wie zu Hause ist.

Mehr als 10 Punkte
8 Golf ist nicht umweltfreundlich.
9 Wasservögel haben keine Angst vor Surfern.
10 Beim nächsten Urlaub sollst du mehr an die Umwelt denken.

B Your English-speaking friend wants to do this test but is having difficulty understanding some of the questions. Summarise in English questions 1, 5, 7 and 9.

Holiday tips

Lies diesen Text und beantworte die Fragen.

Tips für die Ferien!

Im Juni fangen Ferien an. Zeit, die Umwelt nun an anderen Orten zu belasten? Gelegenheit, schlechte Angewohnheiten anderer Länder zu übernehmen? Für die Umwelt gibt es keine Grenzen.

■ Zwei Fragen vorweg. Die erste: Wie kommt ihr an den Ferienort? Jeder wird wohl wissen, daß es besser ist, mit der Bahn zu reisen.
Frage zwei: Wo werdet ihr wohnen? Hoffentlich nicht in einem überfüllten Touristenzentrum. In kleineren Pensionen und Privatquartieren kommt ihr dem Land mit seinen Menschen bestimmt näher!

Wohin fahrt ihr? In die Berge? An die See? Überall kommt es darauf an, gegenüber der Umwelt aufmerksam zu sein. Alles, was zu Hause zum umweltfreundlichen Verhalten gehört, gilt auch anderswo.

● Zum Beispiel: Abfälle bleiben nicht liegen oder werden im Sand eingegraben! Gibt es unterwegs keine Abfalleimer, werden sie zurückgetragen und in den Mülleimer geworfen. Ein anderes Beispiel: Wasser wird so selbstverständlich gespart wie immer. Vor allem aber dort, wo das Wasser schon knapper ist, also in vielen südeuropäischen Ländern.
● Wer trekkend unterwegs ist, sollte auf das abendliche Lagerfeuer verzichten.
● Keine Flaschenpost in die Meere! Sie kommt sowieso nicht an, und Scherben gibt's schon genug an den Stränden.
● Auf Ausflugsangebote mit dem Ziel „unberührte und geschützte Gebiete" nicht eingehen. Auch Fahrten zu den Seehundbänken gehören dazu!
● Am Ferienort öffentliche Verkehrsmittel benutzen und Fahrräder leihen.
● Was passiert mit leeren Batterien, die am Ferienort nicht entsorgt werden können? Na, so sehr belasten sie das Gepäck nicht: Zurücknehmen!
● Keine Souvenirs kaufen, für die Tiere oder Pflanzen sterben mußten: Felle, Schmetterlinge, Orchideen, Schildpatt, Schlangenleder, Korallen, Muscheln.

Ansonsten: Macht euch schöne Ferien – zu Hause oder anderswo!

EXAM TIP

● You may well have to read texts about the environment in your exam. Here are some basic words which you should learn:

Abfälle	litter
Abfalleimer	litter bin
geschützt	protected
Mülleimer	dustbin
die Umwelt	the environment
umweltfreundlich	environmentally friendly

● This is a difficult text, but remember that you don't need to understand every word to answer the questions.

● Remember also to use your general knowledge of environmental protection to help you to answer the questions.

A Lies die Sätze. Für jeden Satz schreib R für richtig, F für falsch und NI, wenn es keine Information gibt.

1. Am besten soll man zum Ferienort fliegen.
2. Am besten soll man mit dem Zug zum Ferienort fahren.
3. Es ist billiger mit dem Auto zu fahren.
4. Man soll in keinem großen Hotel wohnen.
5. Man soll in kleinen Pensionen übernachten.
6. Man soll sich immer um die Umwelt sorgen.
7. Man hat keine Zeit, sich während der Ferien um die Umwelt zu sorgen.
8. Man soll alte Dosen in den Sand eingraben.
9. Man soll nur grüne Abfalleimer benutzen.
10. Man soll Wasser sparen.
11. Im Süden von Spanien gibt es weniger Wasser als in Deutschland.
12. Bei einer Wanderung soll man kein Feuer anzünden.
13. Man soll nie mit dem Rad fahren.
14. Man soll keine Batterien mit nach Hause nehmen.
15. Man soll nur teure Geschenke kaufen.

Wortschatz

aufmerksam *adjective* attentive
das Gebiet(e) *noun* area
knapp *adverb* in short supply
öffentlich *adjective* public
die Scherbe(n) *noun* fragment of broken glass
der Seehund(e) *noun* seal
sich sorgen um *verb* to worry about
sterben *verb* to die
das Verhalten *noun* behaviour
verzichten auf *verb* to do without

B Copy and complete the sentences in English.

1. To protect the environment you should travel to your holiday destination by ....
2. Never leave litter on the ....
3. You should try to save .... , particularly in countries in ....
4. Don't put .... in the sea.
5. Try to travel around your resort by .... or hire ....
6. Don't go on .... to wildlife sanctuaries.

Hotel prices

Was kostet eine Übernachtung in diesem Hotel

a) für zwei Erwachsene und zwei Kinder?
b) nur für zwei Erwachsene?

Can you name the towns?

Wie heißt die elfte Stadt?

Schreib die Anfangsbuchstaben der Gegenstände und Tiere in die Kästen! Die Lösungswörter sind zehn europäische Städte. Die elfte Stadt findet ihr in einer Reihe von oben nach unten.

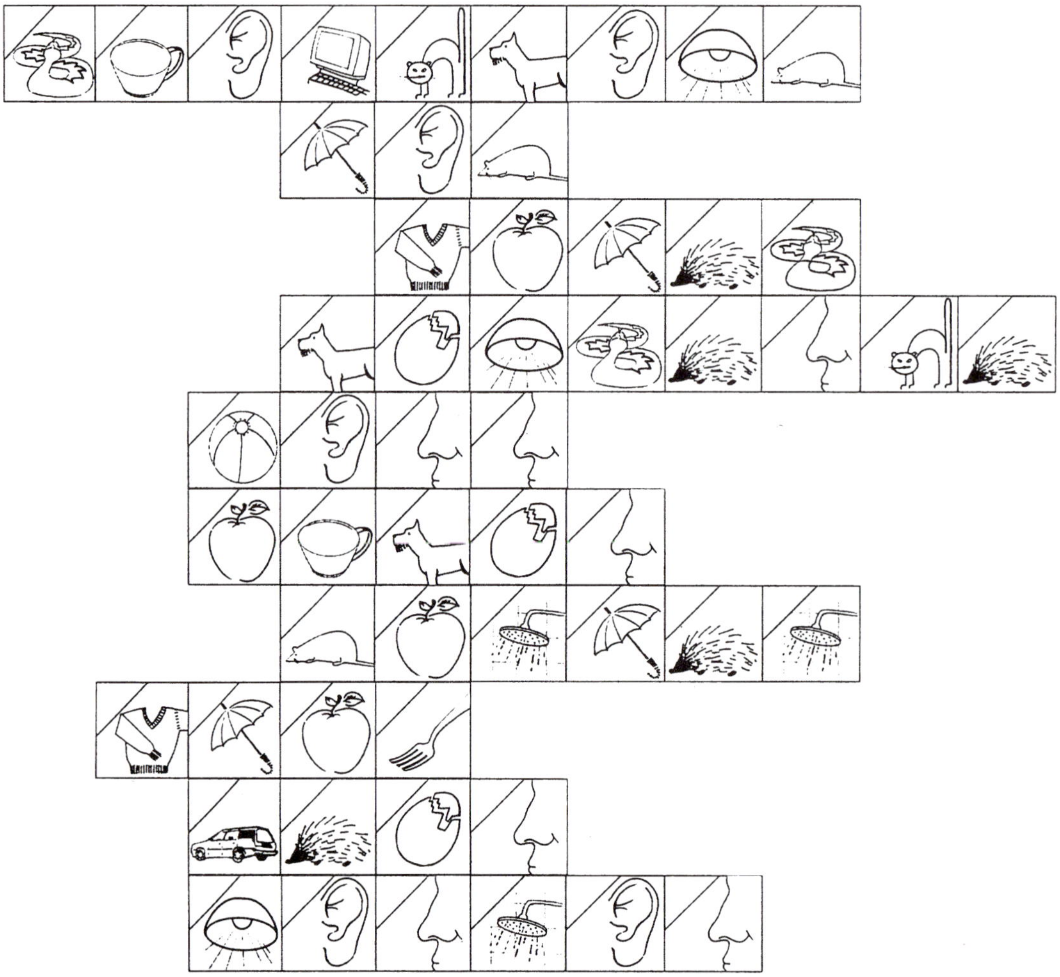

In town

Sieh dir dieses Foto an.

Was kann man hier machen?

a) Man kann mit dem Bus fahren.
b) Man kann Bücher kaufen.
c) Man kann Broschüren bekommen.
d) Man kann übernachten.

SECTION E Now test yourself!

TIPS FOR EXAM SUCCESS

Remember to:
- use all the techniques you have learnt to understand words.
- read the question and then the text.
- make your German answers as short as possible.

1
Lesen Sie die Postkarte.

> Donnerstag, den 22.5.
>
> Hallo Andrew!
> Ich sitze hier am Strand. Ich spiele jeden Tag Fußball mit den Jungen in der Jugendherberge. Abends spielen wir meistens Karten oder hören Musik.
>
> Morgen müssen wir leider zurück nach Hause, denn Mutti muß wieder arbeiten. Sie ist Krankenschwester in der Stadt.
>
> Tschüß
> Marcus

Schreiben Sie den Buchstaben von jeder richtigen Antwort.

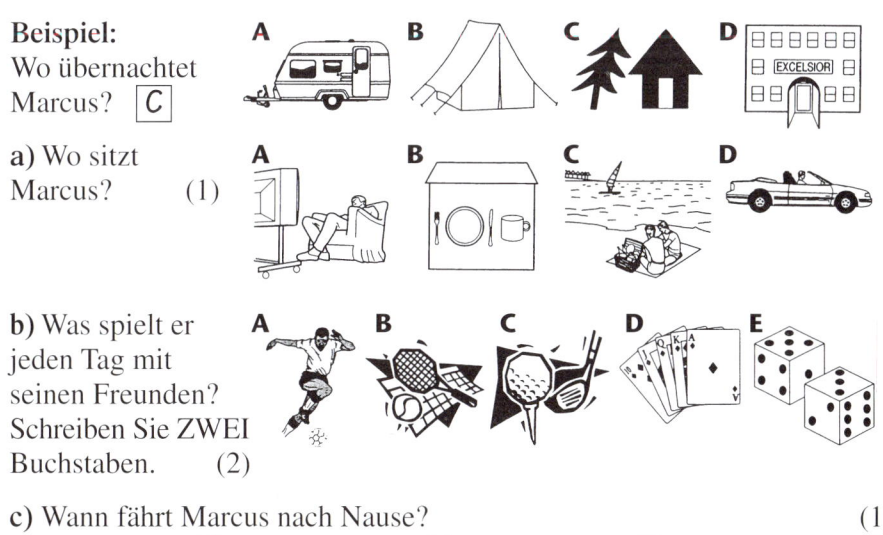

Beispiel:
Wo übernachtet Marcus? [C]

a) Wo sitzt Marcus? (1)

b) Was spielt er jeden Tag mit seinen Freunden? Schreiben Sie ZWEI Buchstaben. (2)

c) Wann fährt Marcus nach Nause? (1)
A Am Montag ❏ B Am Dienstag ❏ C Am Freitag ❏ D Am Sonntag ❏

d) Was macht die Mutter von Marcus? (1)

(Total: 5 marks)

Midland Examining Group, (Short Course) Reading, Foundation Tier

Exam questions

2

Deine deutschen Freunde wollen in Urlaub fahren.

AMEROPA
Wir machen Urlaub •

A
Stuttgart mit Musical Miss Saigon
1 Übernachtung mit Frühstücksbuffet im Parkhotel, Zimmer mit Bad oder Dusche, WC, Telefon, Radio, Kabel-TV, Minibar, Restaurant, Bar, Terrasse, Garage. Inkl. VVS-Ticket und Eintritt Musical Miss Saigon.

B
Eisenbahnnostalgie in Tirol
5-tägige Kurzreise mit Tirols historischen Bahnen bei täglicher Anreise vom 1.5. – 27.10.95 (letzte Anreise).
Fahrten 2. Klasse in den drei Tiroler Bahnen inkl. Anschluß Innsbruck, 4 Übernachtungen mit Frühstück.

C
Deutschland/Ostfriesland
"Ostfriesische Riverboat-Party"
(Freitag bis Sonntag) Aurich: Komfort-Hotel, 2 Übernachtungen mit Halbpension, Zimmer mit Dusche/WC, TV. Inkl. Wilkommenstrunk.

Welchen Urlaub sollten sie wählen? Schreibe A, B oder C.

a) Werner interessiert sich für Züge.

b) Anna will ins Theater gehen.

c) Die Eltern wollen eine Schifffahrt machen. (3)

London Examinations, A division of Edexcel Foundation, Specimen Question, (Short Course) Reading, Foundation Tier

3

Ferienwerbung.

Du liest diesen Artikel in einer Zeitschrift.

Griechenland im Herbst

Der Ferienspaß beginnt sofort. Samstagmittag fliegen Sie vom Frankfurter Flughafen ab und innerhalb von fünf Stunden sitzen Sie in Ihrem 4-Sterne-Hotel auf der griechischen Insel Korfu.

Am zweiten Tag starten Sie zu einem ganztägigen Ausflug, um die Westküste der Insel kennenzulernen.

Am Montag bieten wir einen Diskoabend mit griechischer Folklore an. Am folgenden Tag kann man zum Festland fahren und in den Bergen wandern.

Der Mittwoch, der fünfte Tag unserer Reise, ist Sporttag. Segeln, Schwimmen und Surfen stehen auf unserem Programm.

Am Donnerstag bieten wir Ihnen die Gelegenheit, in den vielen kleinen Geschäften Souvenirs zu suchen, bevor es am späten Nachmittag nach Deutschland zurückgeht.

An welchem Tag:

Beispiel: beginnen die Ferien?   *Samstag*

a) kann man einkaufen gehen? (1)

b) kann man tanzen und Musik hören? (1)

c) kann man Wassersport machen? (1)

d) sind die Ferien zu Ende? (1)

Northern Examinations and Assessment Board, Reading, Foundation Tier

4

Ein Campingbericht.

> **Yvonne (17)** aus Essen zeltet zusammen mit Meike (17) und Sandra (18) auf Campingplätzen im Ruhrgebiet. Die Mädchen wandern oder fahren mit dem Bus von Platz zu Platz. Für ihren Kurzurlaub haben sie eine Woche geplant. Den drei Mädchen macht Camping viel Spaß. Man kann sich erholen, und außerdem ist es eine schöne Abwechslung vom Alltag. Yvonne, Meike und Sandra haben eine ganz gute „Ausrüstung" dabei: Zelt, Schlafsäcke, Decken, Gaskocher, Töpfe, Windlicht, Teller und Tassen. Lebensmittel kaufen sie in den Städten oder in den kleinen Läden auf den Campingplätzen. Bisher fuhr Yvonne zusammen mit ihren Eltern in Urlaub, an die Listertalsperre im Sauerland und in den Schwarzwald. Irgendwann möchte sie mal auf einer Nordseeinsel oder an einem See in den Alpen Ferien machen.
> „Eigentlich bleibe ich nur in Deutschland, weil ich kein Geld habe, um größere Reisen zu machen. Leider - denn meistens ist das Wetter hier nicht so toll." Yvonnes größter Wunsch: „Einmal nach Griechenland oder auf die Kanarischen Inseln fliegen."

Schreiben Sie die folgenden Sätze ab und füllen Sie die Lücken aus.

a) Yvonne wohnt in .... (1)

b) Die drei Mädchen wollen .... Tage lang zelten. (1)

c) Auf einem Campingplatz gibt es einen .... , wo man das Essen kaufen kann. (1)

d) Normalerweise reist Yvonne mit ihren .... zusammen in die Ferien. (1)

e) Yvonne kann nur in andere Länder fahren, wenn sie mehr .... hat. (1)

f) Ferien in Deutschland sind nicht immer gut. .... ist oft schlecht. (1)

g) Yvonne möchte .... besuchen. (1)

Northern Examinations and Assessment Board, Reading, Foundation Tier

5

You are on a camping holiday in Germany and see this sign.

What does it tell you?
(2)

Exam questions

6

Lesen Sie den Brief und beantworten Sie die Fragen auf Deutsch.

> *Lieber Gast!*
>
> *Herzlich willkommen in unserem Haus!*
>
> *Die Familie Obermayer mit allen Mitarbeitern begrüßt Sie im Hotel Edelweiß und wünscht Ihnen einen angenehmen Urlaub.*
>
> *Jeden Sonntag um 18.30 Uhr laden wir Sie zu einer Begrüßung in der Hotelhalle ein. Thomas, ein Skilehrer der Schule Sölden-Hochsölden, wird auch dabei sein.*
>
> *Die Hoteleingangstür ist täglich bis 24.00 Uhr geöffnet. Wenn Sie länger ausbleiben wollen, nehmen Sie Ihren Zimmerschlüssel mit.*
>
> *Unser Oberkellner führt Sie am ersten Abend im Restaurant zu Ihrem Tisch. Die Getränke bezahlen Sie bitte ihm gleich.*
>
> *Durch Drücken des Knopfes R können Sie die von Ihnen gewünschten Telefonnummern selbst wählen. Notrufe: Feuerwehr 2000, Polizei 2100, Arzt 2200. Empfang: 10.*
>
> *Spiele und Spielkarten sind am Empfang erhältlich.*
>
> *Lassen Sie Bargeld, Juwelen, usw im Büro.*
>
> *Weitere Informationen über das Hotel finden Sie in unserer Broschüre. Andere Fragen stellen Sie bitte Fräulein Brigitte am Empfang.*
>
> *Ihre Familie Obermayer und Mitarbeiter*

a) Wann genau werden Sie den Skilehrer kennenlernen? (1)
b) Wann schließt das Hotel? (1)
c) Was müssen Sie mitnehmen, wenn Sie später zurückkommen? (1)
d) Wer bringt Sie zu Ihrem Tisch im Restaurant? (1)
e) Was müssen Sie gleich bezahlen? (1)
f) Welche Nummer wählen Sie, wenn Sie krank sind? (1)
g) Wo können Sie Ihre Wertsachen über Nacht lassen? (1)
h) Bei wem holen Sie Auskunft im Hotel? (1)

(Total: 8 marks)

Midland Examining Group, Specimen Question Reading, Foundation Tier

7

You go to this shop. What does the sign tell you?

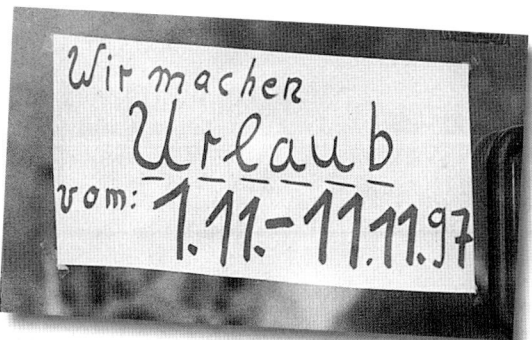

ANSWERS

Page 5
1. stepmother; bull; voice; stick; disturb; quietly
2.
   a. tripped
   b. votes
   c. Taurus
   d. disturbing
   e. fabric
3.
   a. floor
   b. stem
   c. quietness
   d. interruptions
   e. crayons

SECTION A
Page 6
Getting something to eat
1. Customers for the snack bar
2. All day
3. No smoking and view of market place

Page 7
A special restaurant
A
   a. 195 d. 192
   b. 128 e. 126
   c. 196 f. 136

B
1. c
2. a
3. a

B Any of the following:
1. Salat Saison klein/ Salat Saison groß/ Salat mit frischem Obst/Salat mit Folienkartoffel
2. Grill-Mix Teller/ Schweinefilet/Rumpsteak ca. 300g/ Lammkoteletten
3. Rumpsteak
4. Salat Saison klein/ Salat mit Schinken, Thunfisch, Ei/frischem Obst/Salat mit Folienkartoffel
5. Any of the meals under the heading FÜR UNSERE VIER-BEINER

Pages 8/9
How good a cook are you?
A
1. Sie ist berufstätig./Sie arbeitet.
2. Asiatische Reisgerichte
3. Einfache Gerichte/ Spiegeleier/Nudeln/ Pizza
4. Im Urlaub
5. In der Schule

6. Schokolade und Chips
7. Sie hält Diät./Sie achtet auf Kalorien.
8. Ihre Mutter und ihre Oma
9. Ein Fleischgericht/ Schnitzel/Frikadellen
10. Aus der Türkei
11. Ihr Vater
12. Hausfrau

B
1. Christina
2. Christina, Martin
3. Daniel
4. Daniel, Martin, Nurcan
5. Nurcan
6. Kathrin
7. Kathrin
8. Christina, Martin, Kathrin, Nurcan
9. Daniel, Martin
10. Nurcan

Page 10
What's on the menu?
A
1. Cheese, ham, egg
2. Apple cake, cheese cake
3. Soup
4. Onions, mushrooms, chips and vegetables
5. A pot of coffee
6. Cheese, ham
7. A piece of cake, a cup of coffee
8. Sausages

B
1. 6
2. 2
3. 1
4. 3

Page 11
Things to buy
1. Cool drinks
2. Bread rolls fresh from the oven on Sundays and (bank) holidays from 8 to 11 o'clock

A puzzle
12 Würfel haben zwei orange Seiten, 8 Würfel haben drei orange Seiten.

Pages 12/13
Problems at school
A
1. Ralf blieb sitzen.
2. Die findet meistens in den ersten Tagen des neuen Schuljahres statt.
3. Besteht er die Prüfung, wird er in die nächste Klasse versetzt.

4. Wegen seiner Freunde will er in der Jahrgangsstufe bleiben.
5. Ralf meldete sich zu einem Ferienförderkurs an.
6. Die Hälfte von ihnen bereitete sich zu Hause auf die Prüfung vor.
7. Ralf will eine Woche vor Schulbeginn noch einmal so richtig büffeln.
8. „Wenn ich es schaffe, feiere ich natürlich mit meinen Freunden."

B
1. Ein bisschen faul
2. Eine Fünf
3. In den ersten Tagen des neuen Schuljahres
4. 468
5. Zwei Stunden täglich von Montag bis Freitag, drei Wochen lang
6. 67%
7. Eine Woche vor Schulbeginn
8. Zwei Tage

A useful advert
1. Someone needing extra help with school work.
2. The tuition is cheap and successful.

Pages 14/15
Packing for school!
Mick ist <u>Schüler</u>. Eines Tages sagte seine <u>Lehrerin</u>, dass er den Inhalt seines Schulranzens auf den Tisch legen sollte. Er hatte sehr <u>viele</u> Sachen in dem Ranzen. Mick war gar nicht <u>zufrieden</u>. Als <u>Hausaufgabe</u> musste er den Ranzen neu ordnen. Er musste <u>Papier</u> in den Altpapier-Container werfen, er musste Glas in den <u>Altglas-Container</u> werfen. Am <u>nächsten</u> Tag legte Mick den Inhalt seines Ranzens wieder auf seinen <u>Tisch</u>. Die Lehrerin kam zu ihm und fragte, wo seine <u>Schulsachen</u> wären. Mick hatte alles Unwichtige herausgeworfen. Er hatte seine <u>Mathehefte</u> in den <u>Altpapier-Container</u> geworfen. Seine Holzlineale waren beim Kaminholz und er hatte überhaupt <u>keine</u> Bücher!

Was Kinder alles zur Schule schleppen
A a, b, d, g, h, j
B Filzstifte – felt tips; ein Butterbrot – a sandwich; Turnschuhe – trainers; eine Flasche Mineralwasser – a bottle of mineral water; Gameboys – Gameboys; CDs – CDs; Rennautos – racing cars; Getränkeflaschen – bottles of drink

Page 16
Book reviews
1 C; 2 D; 3 A; 4 B

Page 17
Keeping fit
A
1. R   7. R
2. F   8. R
3. NI   9. F
4. NI 10. F
5. R   11. NI
6. R   12. F

B
1. Obst und Milch
2. Man soll das Schlafzimmerfenster öffnen.
3. Milch mit Honig
4. Schlafen
5. Ein warmes Bad (nehmen)

Humour
1. das Bein/der Fuß
2. ein Rasenmäher

Pages 18/19
Helping at home
A
  a. 4   g. 4
  b. 1   h. 1
  c. –   i. 3
  d. 1   j. 3, 4
  e. 3   k. 2, 3
  f. 3

B
1.
   a. Heiko
   b. Marta
   c. Melanie, Tina
   d. Melanie, Tina
   e. Tina
2. Melanie
3. Tina, Marta

A child's dream house
1. Essen, trinken und zeichnen.
2. Schokolade, Limonade, Marzipan, Rosinen, Kaubonbons, Joghurteis

EXAM QUESTIONS
Page 20
1. **a** Bread and cakes
   b Sundays 9.30–18.00
2. It has got a terrace with a view.
3. From the 13th August, it is closed on Wednesday afternoons.

Page 21
4. **a** F **d** R
   b F **e** C
   c R

Page 22
5. **a** Kathy war <u>zu Ostern</u> im Urlaub.
   b Sabine <u>ist nicht ganz sicher</u>, was sie später als Beruf machen will.
   c Sabine <u>ist nicht so gut in Mathe</u>.
   d Sabines Eltern <u>sind gegen</u> Computer.
   e Jürgen möchte gern <u>als Koch arbeiten</u>.

Page 23
6. **a** RICHTIG
   b FALSCH
   c RICHTIG
   d FALSCH
   e FALSCH
   f FALSCH
   g RICHTIG
   h RICHTIG
   i FALSCH
   j FALSCH

SECTION B
Page 24
A day out
A 1. Holiday Park is in a <u>park</u>.
2. You can <u>eat in restaurants and snack bars</u>.
3. There <u>are snack bars</u>.
4. Correct
5. Holiday Park is <u>open daily</u>.
6. Correct
7. Correct
8. You can get to Holiday Park by <u>car, bus and train</u>.
9. Correct
10. There <u>are reduced rates for pensioners</u>.

B 1. In Restaurants und an Imbissständen
2. Im Dezember, Januar und Februar
3. Mit dem Auto, mit dem Bus oder mit der Bahn/mit dem Zug
4. Jeden Tag/täglich

Page 25
Penpals
a 2
b 1, 2, 3, 4
c 5
d 2, 3, 4
e 1
f 2, 3, 4
g 4
h 3, 5
i 4, 6

Page 26
Two creative hobbies
1. She finds playing the violin and the piano boring./The saxophone is more unusual./Not many people play the saxophone./She fell in love with it from the start./She can be creative when she plays jazz or blues.
2. She finds people fascinating./You can show a side of people which you otherwise might not see.
3. She did a photography course at school and learnt something about the technical side. As a result, she is more interested in Chemistry and Physics now.

Page 27
Free time
A b 56%   g 53%
   c 83%   h 57%
   d 48%   i 42%
   e 68%   j 55%
   f 78%
B 1. 83%
2. Zeitungen
3. Mit dem Rad
4. Musik hören
5. Sportliche Hobbys
6. Sie gehen gut essen.

Page 28
A winter visitor
A 1. An einem kalten Morgen im November
2. Kalt
3. Sie schlafen.
4. Er ist krank.
5. Dicke Handschuhe
6. 529 Gramm
7. Sie badet den Igel in warmem Wasser und wäscht ihn mit Haarshampoo.
8. Hackfleisch und frisches Wasser
9. Eine Spritze
10. Zwei Wochen
11. In ein kleines Haus aus Holz in einen kühlen Raum im Keller.
12. Sie setzt ihn wieder zurück in den Garten.

B 1. A hedgehog
2. Hedgehogs normally hibernate in November.
3. It weighed very little and wasn't hibernating.
4. It wouldn't eat.
5. Hibernate
6. It ran around slowly and tried to make a nest.
7. She put it in a small wooden house in a cool room in the cellar.
8. Wake up.
9. Keep it as a pet.

Page 29
Caring for your pets in summer
A 1. a, d
2. a
3. c
4. d
5. b
6. c
B 1. shade
2. hot
3. draught
4. small
5. several

Page 30
In town
1. Dog owners
2. Not to walk their dogs (on the market place) on market days

Find the dog
A 1. 1
2. 6
3. 5
4. 4
5. 2
6. Bello ist Hund 3. (Er trägt ein Halsband, hat aber lange Ohren, er hat einen Knochen, aber er steht, und er ist gefleckt, hat aber keinen langen Schwanz.)

B Bello trägt ein Halsband. Er hat einen Knochen. Er ist gefleckt.

Page 31
Have you got a sense of humour?
3

A special chimpanzee
A 1. Karli
2. 3/drei
3. schlau/intelligent
4. Atlanta/den USA
5. Privatzoo
6. Wörter
7. komplizierte
8. Computer
9. Taste
10. Sätze

B 1. He can understand 200 words in English.
2. His trainer says a word and Karli points to the appropriate symbol on the computer/presses the right key.

Pages 32/33
A famous composer
A This person was the <u>most</u> famous member of a musical family. He <u>was born</u> 300 years ago. He was born in Eisenach where his <u>father</u> was a musician. His parents died when he was young and he therefore went to live with his <u>eldest</u> brother. He married <u>twice</u> and all together he had <u>20</u> children. He spent <u>27</u> years in Leipzig and died there. His music was <u>not</u> always popular because it was "modern". He was the greatest <u>organist</u> of his time. He composed church music but by the end of his life he was <u>blind</u>.

B Johann Sebastian Bach

A cat without a home
1. Schwarz und weiß
2. Ein Zuhause
3. Im Lenneper Tierheim
4. Er ist stubenrein.
5. Gut
6. Wer ihm ein neues Zuhause geben möchte

Pages 34/35
A day by the lake
1. Marco, Benny
2. Sebastian
3. Andrea
4. Janine, Jennifer
5. Janine, Jennifer
6. Janine, Jennifer, Marco, Benny, Sebastian
7. Sebastian, Janine

8 Marco, Benny
9 Janine, Jennifer
10 Sebastian

Free time
1 Schwimmen, Golf spielen, Sport treiben
2 Es ist beheizt.

Pages 36/37
Hooked on soap operas
1 Vater
2 14/Schülerin
3 drei; bleiben
4 reitet; schwimmt
5 Gitarre
6 fern
7 „Unter uns"
8 jeden Abend
9 Serie
10 (Lieblings)schauspieler
11 ihren Freundinnen
12 Mutter
13 geht
14 Videorecorder
15 reden; Fotos
16 Geburtstag

In town
Information on television programmes

EXAM QUESTIONS
Page 38
1 Model railways
2 a Skiers/people who like winter sports
  b The equipment is second hand/cheap.
3 No entry under 18 years of age

Page 39
4 a **Alter:** 15; **Hobbys:** Schwimmen, Schach; **Fremdsprachen:** Englisch, Französisch
  b B

Page 40
5 a (i) FALSCH (ii) RICHTIG (iii) FALSCH (iv) FALSCH
  b (i) FALSCH (ii) RICHTIG (iii) RICHTIG (iv) UNBEKANNT
  c (i) FALSCH (ii) RICHTIG (iii) RICHTIG (iv) RICHTIG

Page 41
6 a (Lieblings)mannschaft
  b Dänemark
  c eng/klein
  d größer
  e Onkel
  f Freund
  g einfach/leicht
  h schlafen
  i sechs

Page 42
7 a Montag
  b KD-Seniorenpass
  c ein ganzes Jahr
  d nichts
  e mit einem Personalausweis
  f Familienessen
8 Open door with EC or bank card.

SECTION C
Page 43
Shopping
A 1 g, j   5 k
  2 d, m   6 b
  3 n   7 e, h
  4 c, i
B Suggested answers:
  1 Einen Kuli, einen Bleistift, Papier, ein Lineal, ein Heft
  2 Eier, Milch, eine Dose Gemüse, eine Dose Suppe, Brot, Gemüse, Obst, Getränke, Käse, Wurst, Butter, Kekse
  3 ANSWER TO COME
  4 Brot, Brötchen
  5 ANSWER TO COME

Pages 44/45
Meeting places
A 1 f   8 e
  2 j   9 k
  3 c   10 o
  4 p   11 l
  5 h   12 b
  6 n   13 i
  7 a   14 d
B 1 interessant
  2 sehen
  3 Mädchen
  4 laut
  5 Lande
  6 Schüler
  7 schön
  8 Kirche

Pages 46/47
A good idea for a present
1 It is cheap./There is a special offer.
2 A belt
A special Christmas tree
A 1 d   5 a, d
  2 b   6 c
  3 a   7 b
  4 b   8 d
B Your advert should contain the following points: First talking and singing Christmas tree; 50 cm. high; made of plastic; runs on batteries; when you go past or there is a sound near it, it opens its shiny green eyes, moves its red lips, and plays the first verse of "Jingle Bells". Finally, it wishes you a happy Christmas and a happy New Year. It costs DM59, Karstadt has already sold out and there is a long waiting list. Other stores will begin to sell it from Monday.

A family Christmas
1 Very much
2 Good
3 Sang carols.
4 Watch television.
5 Worked in the kitchen.
6 She was surprised/grateful that she had had such a good Christmas and hopes next year's will be just as good.

Pages 48/49
New Year celebrations
A 1 d   5 c
  2 b, i   6 f
  3 g   7 a, h
  4 b
B 1 In Ungarn
  2 In Frankreich und in Deutschland
  3 In Ungarn
  4 In Dänemark
  5 In Italien
  6 In Spanien
  7 In Deutschland
  8 In Frankreich
  9 In Dänemark
  10 In der Türkei und in Ungarn

Page 50
At the station
A 1 F   4 E
  2 D   5 B
  3 A
B 1 Man muss Geld bezahlen.
  2 Wenn man viele/schwere Koffer/Taschen hat.

Page 51
Saving money
1 pocket money
2 normal fare
3 months in advance
4 year
5 any/every
6 time
7 buses
8 bicycle
9 DM60
10 sign
11 photo
12 friends; grandparents; rave
13 safer
14 restaurant, bistro

Page 52
A good excuse
He couldn't find the way because it was foggy.

Problems with the weather
A 1 She thought the window would come off its hinges.
  2 There was a power cut.
  3 That school was closed for all the children in Bavaria.
B 1 Sie hatte Angst.
  2 Das Gewitter war sehr schlimm./Sie hatte Angst, das Fenster breche aus den Angeln.
  3 Der Strom fiel aus.
  4 Sie hatte schulfrei.

Page 53
A difficult journey to school
A 1 He goes alone because he can't keep up with the others./A girl on the platform asks her mother why Alexander walks in such a funny way./When he gets out of the train he is pushed and shoved by the other passengers.
  2 a "Get up. You can see I want to sit down."
    b "That seat is reserved for seriously disabled people. Get up and let the lady sit down."
    c "I haven't seen such outrageous behaviour for a long time. Can't you read?'
  3 He held his pass in the air and shouted, "This is my disability pass. I am allowed to sit here."
B 1 R   6 R
  2 F   7 F
  3 R   8 R
  4 NI   9 NI
  5 R   10 R

Answers

93

Page 54
Shopping problems
12 Frau Fuchs ging einkaufen.
6 Sie suchte sich eine schöne Bluse aus.
8 Die Bluse kostete DM140.
10 Sie ging nach Hause.
3 Sie zeigte ihrem Mann die Bluse.
9 Etwas war mit der Bluse los.
4 Frau Fuchs war sehr zornig.
1 Frau Fuchs ging wieder zu dem Geschäft, wo sie die Bluse gekauft hat.
5 Sie wollte eine neue Bluse haben oder sie wollte ihr Geld zurück.
7 Sie musste der Verkäuferin ihren Kassenzettel zeigen.
2 Leider war es nicht der richtige Zettel.
11 Frau Fuchs konnte die Bluse nicht umtauschen.

In town
1 A shopping trolley
2 You get it back automatically when you return your trolley.

Page 55
Frying eggs on your car bonnet!
1 über
2 schwimmen
3 Schatten
4 heiß
5 gefährlich
6 langweilen
7 Tages
8 Pause
9 spielen
10 ausruhen

A skilled driver!
1 Er muss dort links fahren.
2 In Buxtehude
3 Buxtehude ist in Deutschland und in Deutschland fährt man rechts.

Pages 56/57
Print your own T-shirt
1 g   5 a
2 d   6 c
3 b   7 e
4 f   8 h

In town
1 c
2 b
3 e

EXAM QUESTIONS
Page 58
1 b
2 Parken
3 Man muss hier einkaufen.

Page 59
4 c
5 a
6 a 4   d 2
  b 12   e 5
  c 6   f 3

Page 60
7 1 B   4 C
  2 D   5 E
  3 A
8 a Was gibt es in Andreas Stadt zu sehen?
  b Den Dom und das Rathaus
  c Popkonzerte
  d Ganz modern
  e Das Stadion und den Fluß (Fluss)

Page 61
9 a F   d F
  b R   e R
  c F   f F

SECTION D
Pages 62/63
Using the telephone
1 Talking on the phone to Wolli.
2 He has already phoned Wolli that morning.
3 Phone Wolli again.
4 Because the phone bill is high.
5 He says his father is right and that he will sort out the problem.
6 He phones all his friends to tell them that they mustn't talk for so long on the phone.
7 His friends who live abroad.
8 No. He has spent a lot of time on the phone telling all his friends that they mustn't talk so long on the phone.

Using the telephone in a hotel
1 432
2 1001
3 You must dial 00 followed by the code for the UK followed by your dialling code omitting the first 0, followed by your number.
4 14
5 8220
6 8298
7 475
8 8382

Pages 64/65
Living in the country
A 1 R   9 R
  2 R   10 F
  3 F   11 NI
  4 R   12 F
  5 NI   13 R
  6 F   14 R
  7 F   15 F
  8 F

B 3 Ihr Praktikum hat ihr nicht gut gefallen./Ihr Praktikum war langweilig.
  6 Sie musste ihren Hund zum Tierarzt bringen.
  7 Sie arbeitete im nächsten Dorf.
  8 Sie konnte schlecht mit dem Bus zur Arbeit fahren.
  10 Sie musste bei Regen und Schnee mit dem Rad fahren.
  12 Ihre zweite Arbeitsstelle ist 20 Kilometer von ihrem Haus entfernt.
  15 Die Reise dauert insgesamt drei Stunden.

C Saskia gets on well with <u>animals</u>. She worked with <u>horses</u> during her work placement. She didn't like this because she was only allowed to <u>clean out the stables</u>. She found this <u>boring</u>. One day she had to take her <u>dog</u> to the <u>vet's</u>. After that, she decided that she wanted to be <u>a veterinary assistant</u>. She got a training place <u>in the next village</u>. She had problems getting to work because <u>the bus connections were poor</u>. She had to go by <u>bike</u> even when it was <u>raining</u> or <u>snowing</u>. After two years, her boss died and Saskia had to find a new training place. She found it in a village <u>20 kilometres</u> from her home. She had problems getting there because her village has no <u>station</u> and she couldn't use <u>the school bus</u>. Luckily, when she was 18 she <u>passed her driving test/got her driving licence</u>. Her parents <u>gave her an old car as a present</u>. She has to drive to college in the next town. The whole journey takes her <u>three hours</u>. This means that she spends most of her earnings on <u>petrol</u> and <u>tickets</u>.

Pages 66/67
Working with animals
1 a   7 c
2 c   8 b
3 b   9 a
4 d   10 d
5 d   11 c
6 a   12 a

An advert in the market
Fresh eggs from the country

Pages 68/69
Future plans
A 1 Nach Mallorca
  2 Billard spielen und schwimmen gehen.
  3 Mit seinen Eltern
  4 Das macht Spaß und sie verdient ein bisschen Geld.
  5 Zahnarzthelferin
  6 An einer Tankstelle
  7 Er hat keinen Ausbildungsplatz.
  8 Sängerin werden.
  9 Er möchte grillen.
  10 Letztes Jahr
B 1 Torsten, Thomas
  2 Nicole
  3 Nina, Markus
  4 Nina
  5 Angela
  6 Thomas
  7 Svenja
  8 Nina, Angela
  9 Svenja
  10 Torsten, Thomas
  11 Nicole
  12 Angela
  13 Markus
  14 Angela
  15 Markus

Page 70
The rules of work
A You should have copied numbers 1, 2, 4, 5, 7, 8, 9, and 11.

An advert for a job
c

Page 71
A detective at work
Glitzke sagte: „Die beiden stießen mich auf den Rücksitz." Glitzkes Auto hat nur zwei Türen. Wenn vorne jemand sitzt, kann man von hinten nicht aussteigen. Aber Glitzke sagte: „Ich bin schnell ausgestiegen …"

Pages 72/73
Newspaper announcements
A a 9
  b 5
  c 1, 2, 6
  d 3, 4
B 1 Nico
  2 Am 15. Oktober 1997
  3 Guido Börsch
  4 Auf Fuerteventura
  5 Um 11 Uhr
  6 Glückwünsche und Geschenke
  7 Seit 50 Jahren
  8 85

An announcement in town
1 A restaurant
2 In the basement

EXAM QUESTIONS
Page 74
1 You can collect your photo immediately.
2 a Nurse
  b Trainee hairdresser
  c Sales lady for baker's

Page 75
3 Any three of the following answers: Smoke during a ride./Stand up during a ride./Take drinks with you./Take an umbrella with you.
4 a B
  b D
  c B
  d D

Page 76
5 a Ulrike
  b Tanja
  c Tanja
  d Heinke
6 a Sie muss Fleisch/Wurst/Hähnchen/Rindfleisch/Schweinefleisch verkaufen.
  b Beate

Page 77
7 a F
  b F
  c R
  d R
  e F
  f R
  g F
  h R

SECTION E
Page 78
Somewhere to stay
1 Holiday flat/apartment
2 Into the shop

A special hotel
1 Smallest hotel in the world
2 3
3 1

On the River Moselle
1 a, d
2 a, c, d

Page 79
Showing you care
1 Eine Flasche/ein Glas
2 Any four items of clothing, e.g. Socken, eine Hose, einen Pullover, ein Hemd, einen Rock, Jeans, eine Bluse, ein Kleid, eine Jacke, einen Anorak, einen Mantel, einen Regenmantel, eine Mütze, Handschuhe, einen Schal.

Protecting the environment
Thomas: He collects litter in bags when the family goes for walks in the forest. He brings old clothes to the collection point.
Ecki: He goes as little as possible by car. He doesn't drop papers on the street.
Susanne: She divides rubbish into different categories at home. She only buys exercise books made from recycled paper.

Pages 80/81
Survival training
A 1 e
  2 g
  3 m
  4 k
  5 f
  6 j
  7 a
  8 n
  9 c
  10 i
  11 l
  12 b
  13 h
  14 d

B DAY 1: Morning: Activity 1: Breakfast. Activity 2: Orienteering. Activity 3: Crossing a stream with no bridge. Midday activity: Lighting a fire without matches. Afternoon activity: Orienteering game. Evening: Activity 1: Eating. Activity 2: Watching a film. DAY 2: Activity 1: Canoeing. Activity 2: Lunch. Activity 3: Building a bivouac (somewhere to sleep using natural materials found on the island).

Pages 82/83
Holidays
A 1 R
  2 F
  3 R
  4 NI
  5 NI
  6 R
  7 R
  8 R
  9 F
  10 R

B Question 1
We went on our last holidays by: – car, – bus, – rail, – bike, – 'plane.

Question 5
For breakfast we had butter, cheese, jam which was: – open, – packed in small packets.

Question 7
How did you get around your holiday resort? – by car, – by bike, –by rail/bus, – by cart pulled by a horse/donkey, – on foot.

Question 9
We brought back as a souvenir: – carved figures made from ivory or coral necklaces, – a lovely flower (for example an orchid or a silver thistle) which we dug up.

Pages 84/85
Holiday tips
A 1 F
  2 R
  3 NI
  4 R
  5 R
  6 R
  7 F
  8 F
  9 NI
  10 R
  11 R
  12 R
  13 F
  14 F
  15 F

B 1 rail
  2 beach
  3 water; in southern Europe
  4 messages in bottles
  5 public transport; bikes
  6 excursions

Hotel prices
a DM 138
b DM 138

Page 86
Can you name the towns?
Across from the top: Stockholm, Rom, Paris, Helsinki, Bonn, Athen, Madrid, Prag, Wien, London. Down: Kopenhagen.

In town
c

EXAM QUESTIONS
Page 87
1 a C
  b A, D
  c C
  d B

Page 88
2 a B
  b A
  c C
3 a Donnerstag
  b Montag
  c Mittwoch
  d Donnerstag

Page 89
4 a Essen
  b Sieben
  c Laden
  d Eltern
  e Geld
  f Das Wetter
  g Griechenland/die Kanarischen Inseln
5 Camping not allowed. Next campsite at Freibad/swimming pool and Kröver Berg.

Page 90
6 a Am Sonntag um 18.30 Uhr
  b 24.00 Uhr
  c Den Zimmerschlüssel
  d Der Oberkellner
  e Die Getränke
  f 2200
  g Im Büro
  h Bei Fräulein Brigitte am Empfang
7 They are on holiday from 1st November to 11th November.

GLOSSARY OF INSTRUCTIONS

Beantworte die Fragen.	**Answer** the questions.
Beantworte die Fragen **auf Deutsch**.	Answer the questions **in German**.
Beschreibe.	**Describe**.
Sieh dir die **Bilder** an.	Look at the **pictures**.
Schreib den **Buchstaben** …	Write the **letter** …
Ergänze diesen Text.	**Complete** this text.
Schreib F für **falsch**.	Write F if it is **wrong**.
Fülle die Tabelle **aus**.	**Fill in** the chart.
Diese Wörter **helfen** dir.	These words will **help** you.
… wenn es **keine Information** gibt.	… if there is **no information**.
Korrigiere …	**Correct** …
… von **jedem** Bild.	… of **each** picture.
Lies die Texte.	**Read** the texts.
Fülle die **Lücken** aus.	Fill in the **gaps**.
Manchmal passt **mehr** als ein Bild.	Sometimes **more** than one picture will match.
Schreib die **Nummer** des richtigen Fotos.	Write the **number** of the correct photo.
… in der richtigen **Ordnung**.	…….. in the correct **order**.
Welches Bild **passt** zu welchem Satz?	Which picture **matches** which sentence?
Sieh dir dieses **Rätsel** an.	Look at this **puzzle**.
Schreib R für **richtig**.	Write R if it is **correct**.
Welches **Schild** passt zu welchem Satz?	Which **sign** matches which sentence?
Schreib diese Sätze **ab**.	**Copy** these sentences.
Ergänze diese **Sätze**.	Complete these **sentences**.
Unbekannt.	**Unknown**.
Vergleiche den Text mit den Aussagen.	**Compare** the text with the statements.
Wähle die Anwort aus.	**Choose** the answer.
Welches Bild passt zu welcher Antwort?	**Which** picture matches which answer?